그렉 브레이든Gregg Braden

1954년 미국 미주리주에서 태어났다. 지질학을 전공하고, 시스코 시스템즈를 비롯한 글로벌 기업에서 컴퓨터시스템 디자이너로 활약했다.

1991년 직장생활에서 벗어난 그는, 마음속 열망을 현실로 만드는 방법을 찾아서 지구 곳곳을 여행하고 고대 문헌과 과학 ████ ███구했다. 그 결과물을 모아 《███████████de》《프랙털 타임███████████████ine Matrix》 등████████████ ███의 찬사 속에 ██████████ ███대 기업, 미군, 주류 대학에 강연자로 초청받은 바 있으며, 2015년부터 2020년까지 종교 분야의 노벨상이라 불리는 템플턴상Templeton Prize 후보에 올랐다.

www.greggbraden.com

황소연 옮김

연세대학교를 졸업하고 출판기획자를 거쳐 전문 번역가가 되었다. 옮긴 책으로 《미드나잇 아워 1, 2》《호오포노포노의 비밀》《모든 것을 기억하는 남자》《망할 놈의 예술을 한답시고》《프랑켄슈타인》《작은 아씨들 1, 2》 등이 있다.

잃어버린 기도의 비밀

잃어버린 기도의 비밀
1,700년간 잠들어 있던 신과 소통하는 언어

1판 1쇄 발행 2021. 5. 28.
1판 4쇄 발행 2023. 11. 26.

지은이 그렉 브레이든
옮긴이 황소연

발행인 고세규
편집 박완희 디자인 유상현 마케팅 백선미 홍보 이한솔
발행처 김영사
등록 1979년 5월 17일(제406-2003-036호)
주소 경기도 파주시 문발로 197(문발동) 우편번호 10881
전화 마케팅부 031)955-3100, 편집부 031)955-3200 | 팩스 031)955-3111

값은 뒤표지에 있습니다. ISBN 978-89-349-8992-9 03190

홈페이지 www.gimmyoung.com   블로그 blog.naver.com/gybook
인스타그램 instagram.com/gimmyoung   이메일 bestbook@gimmyoung.com

좋은 독자가 좋은 책을 만듭니다.
김영사는 독자 여러분의 의견에 항상 귀 기울이고 있습니다.

Secrets

잃어버린 기도의 비밀

of the Lost Mode

그렉 브레이든 | 황소연 옮김

of Prayer

김영사

마음을 고요히 하고
당신의 가슴이 말하는 사랑의 소리에 귀 기울이고
그것이 이끄는 대로 나아가라.
그러면 빗나가는 일이 없을 것이다.

_잘랄루딘 무함마드 루미

차례

이 책은

세상의 혼돈과 두려움에 직면하여

위안을 찾는 사람들을 위해 쓰였다.

삶이 영혼에 생채기를 낼 때

저마다 가진 피난처를 찾으라.

그곳에는

축복과 아름다움, 잃어버린 기도,

오묘한 지혜가 있으니,

그곳에서

미지의 의미를 찾고

내일을 살아갈 힘을 얻을 것이다.

"우리 안에는 아름다운 야성의 힘이 존재한다."

프란치스코수도회를 창시한 아시시의 성 프란치스코St. Francis of Assisi(1181?~1226)는 위와 같은 말로 이 세상에 태어난 인간이라면 남녀노소를 막론하고 불가사의한 힘을 가지고 있음을 말한 바 있다.

페르시아의 신비주의 시인 잘랄루딘 무함마드 루미Jalal ad-Din Muhammad Rumi(1207~1273)는 세파를 헤쳐나가는 강력한 노櫓에 비유하여 그 막강한 힘을 표현했다.

"만약 그대가 나처럼 이 노에 그대의 영혼을 의지한다면, 우주를 창조한 힘이 그대의 힘줄 속에 스며들 것이다. 그 힘은 당신의 사지 바깥에 있는 것이 아니라 우리 안에 존재하는 신성한 영역에서 나온다."[1]

루미와 성 프란치스코는 일상의 흔한 경험 너머에 존재하는 '무언가'를 시의 언어로 표현했다. 고대인들이 우주의 위대한 힘, 우리와 우주를 하나 되게 하는 힘이라고 불렀던 것을 그 시대의 말로 우리에게 알려준 것이다. 오늘날의 우리에게 그 힘은 '기도'를 의미한다. 성 프란치스코는 "기도의 결과가 삶"이라고 간단히 설명하면서, 기도는 "대지와 심장을 정화하기" 때문에 생명을 가져온다고 말했다.

과거로 가는 다리

지식은 우리와 우리보다 앞서 살았던 사람들을 이어주는 다리이다. 이 문명이 저 문명으로, 이 일생이 저 일생으로 이어지는 동안 우리 각자의 이야기가 차곡차곡 쌓여 인류 전체의 역사가 된다. 하지만 아무리 잘 보존된 과거의 정보라고 해도 우리가 어떤 의미를 부여하기 전에는 한낱 '자료'

에 불과하다. 과거에 대한 지식은 의미가 더해져야 비로소 현재의 살아 있는 지혜로 탈바꿈한다.

예를 들어보자. 수천 년 전에 살았던 사람들은 기도가 어떻게 효과를 발휘하는지, 삶 속에서 기도를 어떤 식으로 활용할 수 있는지에 대한 지식을 보존해두었다. 적어도 5천 년간 거의 변하지 않고 유지된 언어와 풍습에 기도에 대한 강력한 지식을 보존한 것이다. 하지만 기도의 비밀은 기도문 자체에 있는 것이 아니다. 컴퓨터 프로그램의 힘이 프로그램의 언어를 능가하는 것과 마찬가지이다. 기도할 때 나타나는 진정한 힘을 알기 위해서는 더 깊은 탐구가 필요하다.

신비주의자 게오르기 구르지예프George Gurdjieff(1866?~1949)가 평생 진리를 탐구한 끝에 발견한 것이 바로 이 힘일 것이다. 그는 수십 년 동안 이 사원에서 저 마을로, 이 스승에게서 저 스승에게로 옮겨다니며 고대인이 남긴 단서를 추적하다가 중동 지방의 첩첩산중에 은밀히 자리한 한 수도원에 이르러 위대한 스승을 만나게 된다. 스승은 그에게 진리를 좇아 거기까지 온 수고를 보상하고도 남을 만한 말을 해준다.

"이제 그대는 어떻게 해야 마음속 열망이 실체가 되는지를 깨달았다."

구르지예프가 발견한 비법 중에는 틀림없이 기도가 포함되어 있었을 것이다.

성 프란치스코가 '아름다운 야성의 힘'이라고 부른 것을 내면에서 일깨우고 마음속 열망을 실현하려면 우선 우리 자신과 우리의 관계, 세상과 우리의 관계, 그리고 신과 우리의 관계를 이해해야 한다. 그 이해의 실마리는 선인들의 말에서 찾을 수 있다. 칼릴 지브란Khalil Gibran(1883~1931)은《예언자The Prophet》에서 이미 알고 있는 것은 배울 수가 없음을 일깨우며 이렇게 말했다.

"선잠을 자고 있을 뿐 이미 그대의 내면에 자리한 것은 누구도 그대에게 알려줄 수 없다."

우리 안에 지식이 반쯤 깨어 있다는 것은 우리가 우리의 존재를 좌우하는 힘과 소통하는 능력을 이미 가지고 있다는 뜻이다! 하지만 그 힘과 소통하기 위해서는 먼저 우리 자신이 **진정** 누구인지를 발견해야 할 것이다.

두 가지 보편적 질문

시대를 앞서간 인류학자 루이스 리키Louis Leakey(1903~1972)는
인류의 가장 오래된 흔적을 찾는 작업이 왜 그렇게 중요하
냐는 질문에 이렇게 대답했다.

"우리가 누구이고 어디에서 왔는지를 이해하지 않고서는
진정한 진보란 있을 수 없다고 생각한다."

여러 면에서 리키의 말에 동감한다. 나는 어른이 된 이후
우리가 누구인지, 과거의 지식이 우리가 더 나은 사람이 되
고 세상이 더 좋아지는 데 어떻게 보탬이 될 수 있는지 탐구
하며 많은 시간을 보냈다.

나는 베일에 싸인 과거를 연구하기 위해 극지방을 제외
하고 안 가본 곳이 없을 만큼 지구 구석구석을 돌아다녔다.
카이로와 방콕 같은 대도시에서부터 페루와 볼리비아의 외
딴 마을에 이르기까지, 히말라야에 있는 오래된 티베트 사
원에서부터 네팔의 힌두교 사원에 이르기까지 다양한 문화
를 체험하는 동안 내 마음속에는 한 가지 주제가 떠올랐다.
현대인들이 20세기 내내 삶을 규정해온 고통과 불확실성을

넘어설 준비가 되어 있다는 것이었다. 이제 사람들은 평화와 더 나은 내일을 기다리고 있었다.

겉으로 보기에 우리의 문화와 생활양식은 각양각색이지만 우리가 추구하는 바는 본질적으로 같다. 가정이라는 보금자리, 가족을 부양할 생계수단, 자기 자신과 자식을 위한 더 나은 미래가 그것이다. 모든 문화권의 사람들이 한결같이 내게 던진 질문은 두 가지였다. 첫 번째는 "세상은 지금 어떻게 돌아가고 있는가?"였고, 두 번째는 "더 나은 세상을 만들기 위해 우리가 할 수 있는 일은 무엇인가?"였다. 이 두 질문에 대한 해답은 오늘날의 기도 문화를 아주 오래된 과거의 영적 전통에 비춰보면 쉽게 풀릴 것이다.

~

400년 전 아메리카 대륙 남서쪽의 고지대 사막에 살았던 위대한 지혜의 수호자 나바호Navajo 인디언은 대지와 자연은 물론 주변 부족에 의해 고난을 겪어야 했다. 극심한 가뭄과 더위, 식량 부족이라는 혹독한 환경에 시달리면서, 그들은 **외부 세상의** 모진 환경을 견디기 위해서는 **내면의** 고통이

14

지닌 힘을 다스리고 단련하지 않으면 안 된다는 사실을 깨달았다. 그들의 생존은 그 방법을 배우는 데 달려 있었다.

그들은 시련에 의해 극심한 고통의 나락으로 떨어지기도 하지만 그 과정에서 내면의 강력한 힘이 드러난다는 것을 깨달았다. 생존의 열쇠는 역경에 처했을 때 방황하지 않고 그것에 몰두하는 데 있었다. 그들은 내면에서 '구심점'을 찾을 수밖에 없었다. 시련을 견뎌내는 강인한 힘이 자신에게 주어졌다는 것을 믿고, 오늘보다 더 나은 내일이 올 것이라는 깨달음을 마음속에서 찾아야만 했다. 위험을 감수하고 삶을 변화시키며 세상을 통찰하는 자신감을 내면에서 얻은 것이다.

오늘날 우리의 삶은 수 세기 전 아메리카 남서부의 고지대 사막을 누비던 나바호 용사들의 삶과 크게 다르지 않다. 환경이 달라지고 풍광이 변했지만, 믿음의 근간이 흔들리고 인내심의 한계를 시험당하는 힘겨운 상황은 여전하다. 무의미한 증오, 관계의 단절, 가정의 해체, 사회 전체의 생존을 위협하는 조건들이 즐비한 '무너지기 직전의 위태로운' 세상에서 우리는 평화와 기쁨, 질서 의식을 가지고 하루

하루 살아가려 애쓰고 있다.

  고대인의 지혜와 궤를 같이하는 나바호 인디언의 전통은 행복이든 고통이든 모두 우리의 책임이라는 인생관을 견지한다. '아름다움의 기도Beauty Prayer'라 불리며 오늘날까지 전해 내려오는 그들의 지혜는 기록과 구전마다 조금씩 다르기는 하지만, 세 구절로 핵심을 요약할 수 있다. 나바호 선인들은 짤막한 기도문을 통해 우리의 내면과 외부 세상이 연결되어 있다는 심오한 지혜를 전해주었는데, 이는 최근 과학적으로도 사실임이 입증되었다.

  세 부분으로 이루어진 이 기도문은 우리 몸에 화학변화를 일으키고 세상의 양자적 가능성quantum possibilities에 영향을 미치는 우리의 능력을 말하고 있다. 이 기도문은 지극히 단순한 형태 안에 분명한 뜻을 담고 있다.

  나바호 인디언의 '니즈호니구 빌 이이나Nizhonigoo bil iina'라는 기도문은 번역해 보면 대략 다음과 같다.

아름다움과 함께 살아가기를.

아름다움에 의해 살아가기를.

아름다움을 바탕으로 살아가기를.[2]

기도문을 만든 사람은 오래전에 잊혔지만, 이 단순한 기도는 모든 희망이 사라진 듯한 상황에서도 새로운 희망의 불씨를 살려낸다. '아름다움의 기도'에는 말 이상의 무언가가 담겨 있다. 인류가 해결해야 할 가장 큰 난제 중 하나를 풀 열쇠가 이 안에 들어 있다. 바로 인생의 상처를 어떻게 극복할 것인가 하는 문제이다. 아름다움의 힘과 이 기도에 의지한다면, 두려움을 피해 무의미한 삶을 사는 대신, 삶의 경험 속으로 뛰어들 수 있다. 언제든 상처받을 수 있지만 그것이 일시적이라는 것을 알기 때문이다. 아주 오래전 나바호 인디언은 '아름다움의 기도'를 통해 힘과 위안을 얻고 세상의 고통에 대처하는 길을 찾았다.

세상의 많은 사람이 땅과의 관계, 사람들과의 관계, 위대한 힘과의 관계를 상실하고 비틀거릴 때, 아메리카 남서부의 나바호 인디언이나 티베트 승려의 전통은 어떤 비밀을 간직해온 것일까? 오늘날 우리가 더 나은 사람이 되고 더 나은 세상을 만드는 데 그들의 지혜가 도움이 되지 않을까?

상처, 축복, 아름다움, 그리고 기도

선조들이 남긴 지혜의 유산에는 마음을 치유하고 평화를 부르는 기도의 비결이 감춰져 있다. 고대 그노시스파Gnostics[*]와 에세네파Essenes[**]의 글뿐 아니라 아메리카 전역에 살았던 인디언 부족의 전통에서도 상처와 축복, 아름다움이 극한의 시련을 이겨내는 열쇠로 인식되었다. 기도는 경험에서 우러나온 교훈을 우리네 삶에 적용하게 해주는 언어이다.

이런 관점에서 보면, '지혜'와 '상처'는 동일한 경험의 양극단이며, 동일한 순환의 시작이자 끝이다. 소중한 것을 상

- 1~2세기 무렵 영적인 앎(그노시스gnosis)을 통해 구원받을 수 있다고 주장한 신비주의 종파. 영지주의. [옮긴이]
- 기원전 1세기에 형성된 유대교의 신비주의 종파. 금욕적인 공동체 생활을 했다. [옮긴이]

실하거나 무언가에 실망할 때, 혹은 충격적인 소식을 접할 때, 우리는 본능적으로 상처부터 받는다. 지혜는 상처가 치유되는 과정에서 우러나온다. 우리는 고통스러운 경험에서 새로운 의미를 찾음으로써 상처를 지혜로 승화시킨다. 축복, 아름다움, 기도는 변화를 일으키는 도구이다.

그리스도교 목회자 새뮤얼 슈메이커Samuel Shoemaker(1893~1963)는 단순한 시적 문장으로 변화를 일으키는 기도의 힘을 설명했다.

"기도가 반드시 **우리에게 맞게** 상황을 변화시키는 것은 아니지만, 상황에 맞게 **우리를 변화**시키는 것은 확실하다."

시간을 거슬러 상처를 준 원인을 바꾸지는 못해도, 사랑하는 이를 잃거나, 약속이 깨지면서 느낀 충격과 실망감이 우리에게 뜻하는 바는 변화시킬 수 있다. 그렇게 함으로써 가장 아픈 기억조차 치유할 수 있게 된다.

지혜와 상처의 관계를 이해하지 못한다면, 고통을 인내하는 것은 무의미한, 심지어 잔혹하기까지 한 일이 될 것이며, 우리는 끝없는 고통의 순환 속에서 헤매게 될 것이다. 그렇다면 상처의 수렁에서 빠져나와 상처의 경험에서 지혜를 얻고 오래도록 그 지혜 안에 머물 방법은 무엇일까? 뜻밖의 상실과 배신에 뒤통수를 맞고 충격에 몸을 가눌 수 없을 때, 어떻게 하면 다른 곳으로 눈을 돌릴 수 있을까? 어떻게 하면 이 감정에서 벗어날 피난처를 찾을 수 있을까? 바로 여기서 축복의 힘이 등장한다.

축복은 해방이다

'축복하기'는 상처에서 벗어나 그것을 다른 감정으로 대체하도록 해주는 고대의 비결이다. 상처를 준 사람이나 상처받은 경험을 축복할 때, 고통의 순환이 잠시나마 정지된다. 정지되는 시간이 순간이든 하루 종일이든 차이는 없다. 기간에 상관없이 축복하는 동안에 치유가 시작되고 새로운 인생의 문이 활짝 열린다. 중요한 것은 그 시간 동안 우리가 상처에서 벗어나 머리와 가슴에 다른 무언가를 받아들인다는 점이다. 그 무언가는 바로 '아름다움'의 힘이다.

아름다움은 변화의 촉매

고대의 성스러운 전통에 따르면, 만물에는 아름다움이 깃들어 있다. 우리가 일상에서 그것을 어떻게 해석하느냐와는 무관하다. 아름다움은 이미 창조되었고 항상 존재한다. 균형과 조화에 대한 우리의 생각은 늘 변화한다. 우리가 생각의 변화에 맞추어 환경을 개조하고 새로운 관계를 만들어내고 새로운 장소로 옮겨간다고 해도, 아름다움을 짓기 위한 재료는 계속 우리 곁에 존재한다.

지혜의 전통에 따르면, 아름다움이란 단순히 우리의 눈을 즐겁게 하는 것을 넘어서서 우리의 가슴과 머리, 그리고 영혼까지 감동시키는 **경험**이다. 우리는 인생의 가장 '추한' 순간에도 아름다움을 알아볼 수 있고, 그런 능력을 통해 자신을 상처로부터 분리시켜 상처에 새로운 의미를 부여할 수 있다. 말하자면 아름다움은 우리를 새로운 경지로 끌어올리는 추진력인 것이다. 하지만 중요한 것은 우리가 관심을 기울이기 전에는 그것이 잠들어 있다는 것이다. 아름다움은 우리가 삶 속으로 초대할 때만 잠에서 깨어난다.

잃어버린 기도의 비밀

살다 보면 감정을 억눌러 합리적이고 사랑스러운 사람이라는 틀 속에 자신을 맞추어야 하는 경우가 적지 않다. 나라 밖에서는 전쟁과 학살이 자행되고 공동체 안에서는 서로의 다름이 증오로 표출되는 현실에서 어떻게 해야 평화와 치유 같은 감정들을 느낄 수 있을까?

우리를 둘러싼 이러한 상황을 극복하기 위해서는 상처-고통-분노-증오로 이어지는 순환의 고리를 끊어낼 방법을 어떻게든 찾아야 한다.

그 방법은 고대인의 유산과 전통 속에 고스란히 남아 있다! 그들은 '삶'이란 우리의 내면이 변화하는 모습을 비추는 거울, 그 이상도 이하도 아니라고 말한다. 삶을 아름다움으로 경험하느냐 고통으로 경험하느냐는 하루하루의 순간들 속에서 어떠한 자질을 발현하느냐 하는 내적 능력에 달려 있다.

세상을 치유하거나 고통을 증가시키는 데 기여하는 우리 각자의 몫이 상상 이상으로 크다고 생각한 고대인의 지혜는 현대의 과학 연구에 의해서 나날이 신빙성을 더해가고 있다.

20세기 후반에 진행된 실험들은 우리가 모두 우리를 세상의 사건들과 연결하는 에너지장energy field에서 헤엄치고 있음을 입증한 바 있다. 이 에너지장은 '양자 홀로그램Quantum Hologram', '신의 마음Mind of God' 등 여러 이름으로 불린다. 연구들에 따르면, 우리 **마음속**의 믿음과 기도는 에너지장을 통해 **주변** 세상으로 전파된다.

현대의 과학이든 고대의 전통이든 시사하는 바는 같다. 삶 속에서 **경험**하기를 바라는 상황들을 우리 스스로 **구현**해야 한다는 것이다. 그러기 위해서는 오늘날 지구상 가장 외딴 곳들에 숨겨져 있는 잃어버린 기도의 양식에서 도움을 얻어야 한다.

1998년 봄, 나는 티베트 중부의 어느 사원으로 22일 동안 영광스러운 순례를 떠났다. 현대인에게는 잊힌 고대인의 기도 양식, 즉 만물의 에너지장과 소통하는 언어를 되찾기 위해서였다.

그곳에 사는 승려들은 4세기경 성경 판본과 함께 서구 문명에서는 대부분 사라진 기도 방법을 공유하고 있었다.* 세계의 지붕이라 불리는 곳에서 살아온 사람들의 문서와 전통 속에 대대로 보존되어온 '잃어버린' 기도 양식은 어떤 특별한 기도문이나 표현법을 필요로 하지 않는다. 오로지 감정에 의존할 뿐이다.

특히 이 기도는 더 높은 근원을 향해 무기력한 심정으로 도움을 간청하기보다는 이미 응답을 받은 것처럼 느낄 것을 권장한다. 최근의 연구 결과들에 따르면, 우리를 세상과 연결하는 에너지장에게 '말을 거는' 것은 바로 이 응답받았다는 느낌이다. 우리는 감정의 기도를 통해 우리의 몸과 세상은 물론 삶과 관계를 치유하는 힘을 얻게 된다.

• 서기 325년 신성로마제국의 콘스탄티누스 황제는 초기 그리스도교 교회의 위원회를 소집해 어떤 복음서를 정경으로 삼아야 하는지 조언을 요청했다. 위원회는 스물다섯 권을 삭제하고 스무 권은 편집하거나 압축할 것을 제안했다. 사해문서나 나그함마디문서처럼 20세기에 발견된 고고학 자료들은 성경이 편집되면서 감춰진 내용뿐 아니라 성경의 최종본에서 누락된 최소 열아홉 권의 원본을 포함하고 있다. 이를 통해 '잃어버린' 성경의 내용이 무엇인지 알 수 있다.

천사처럼 생각하고 행하기

이 기도 양식을 사용하기 위한 열쇠는 아름다움과 축복, 지혜, 고통의 숨겨진 힘을 인식하는 것이다. 아름다움과 축복, 지혜, 고통은 삶이 가져다주는 깊은 상처에 아파하고, 상처를 통해 배우고, 상처를 놓아주고, 상처를 뛰어넘는 대순환 과정에서 각각 필요한 역할을 담당한다.

2천 년 전 예수의 가르침을 기록한 작자 미상의 문서에 따르면, 우리의 내면에는 세상을 바꾸는 힘뿐 아니라 우리와 그 힘 사이를 가로막는 장애물 또한 존재한다. 예수는 이렇게 말했다.

"(인간으로서) 가장 행하기 힘든 것은 천사처럼 생각하는 것이며 (…) 천사가 행하듯이 행하는 것이다."[3]

기도는 신과 천사의 언어이다. 또한 지혜와 아름다움, 은총으로 삶의 고통을 치유하도록 부여받은 언어이기도 하다. 인터넷에서 배우든 1세기의 양피지 두루마리에서 배우든 메시지는 동일하다.

누구에게나 그런 언어의 능력이 있다는 것은 가장 받아

들이기 힘든 인생의 과제가 될 수도 있다. 그러나 가장 위대한 힘의 원천이 될 수도 있다.

우리가 의심을 떨쳐내고 감정의 언어로 기도하는 능력을 이미 갖추고 있음을 알아차릴 때, 누구에게 빼앗길 수도 잃어버릴 수도 없는 우리의 일부가 깨어난다.

이것이 바로 잃어버린 기도의 비밀이다.

뉴멕시코주 타오스에서
그렉 브레이든

첫 번째 비밀

잃어버린 기도

상상을 초월하는 광휘와 상상을 초월하는 공포,
그 광휘와 공포를 창조하는 힘이 우리 안에 이미 똬리를 틀고서
우리의 명령을 기다리고 있다.

_시에나의 성 카타리나St. Catherine of Siena(1347~1380)

'저기 어딘가에' 무엇인가 존재한다. 우리가 인식하는 일상의 저편에 우리를 위로하는 신비로운 존재, 어떤 힘이 실재한다. 우리는 그것을 이야기하고, 그것을 느낀다. 그것이 정확히 무엇인지 모르면서도 그것을 믿고 그것에게 기도한다!

'창조의 그물Web of Creation'에서부터 '신의 영Spirit of God'에 이르기까지 다양한 이름으로 불리지만, 고대의 전통들은 그것이 실재함을 알고 있었고, 그것을 삶에 적용하는 방법 또한 알고 있었다. 고대인들은 어떻게 하면 눈에 보이지 않는 이 힘을 이용해 우리의 몸을 치유하고 관계를 개선하고 세상에 평화를 가져올 수 있는지, 후손을 위해 당대의 언어로 상세한 지침을 남겼다. 오늘날 우리는 몸의 치유, 관계의 개선, 세계의 평화라는 세 가지 염원이 '잃어버린' 기도 양식으로 수렴한다는 것을 알게 되었다.

하지만 일반적인 기도와는 달리, 이 기도는 말을 전혀 사용하지 않고 감정이라는 침묵의 언어에 기반한다. 이 기도는 **기도가 이미 응답을 받은 것처럼** 감사하는 마음을 가질 것을 권한다. 고대인들은 이런 감정을 통해 우리가 창조의 힘, 곧 '신의 영'과 직접 소통할 수 있다고 믿었다.

20세기 들어 현대 과학은 '신의 영'이 일반적인 에너지 형태와는 다른 에너지장이라는 것을 재발견한 듯하다. '신의 영'은 시간이 시작된 이래 어디에서나, 언제나 존재해온 것으로 여겨진다. 양자물리학의 아버지로 인정받는 막스 플랑크Max Planck(1858~1947)는 이 에너지장의 존재가 물질세계를 책임지는 위대한 지성의 존재를 암시한다고 주장했다.

"이 힘 뒤에 의식과 지성을 가진 마음이라는 것이 존재한다고 상정해야 한다."[4]

그러면서 그는 "이 마음이 바로 모든 물질의 매트릭스

matrix"라고 결론짓는다. 오늘날의 과학자들은 이를 통일장Unified Field 등의 용어로 언급하면서, 플랑크의 매트릭스가 사실상 지성을 갖고 있음을 입증했다. 고대인들이 암시했듯이, 이 에너지장은 인간의 감정에 반응한다!

그것을 무엇이라 부르든, 과학과 종교가 그것을 어떻게 규정하든, 우리가 끊임없이 서로를 끌어당기게 만들고 우리를 더 높은 힘에 이어주는 '거대한 자석great magnet' 같은 힘이, 어떤 에너지장이, 어떤 존재가 어딘가에 있는 것이 분명하다. 이 힘의 존재를 알고 있다는 것은, 유의미하고 실용적인 방식으로 그 힘과 소통할 능력이 우리에게 있음을 뜻한다. 마음속 깊은 곳의 상처를 치유하고 세계 평화를 이끌어내는 그 힘이야말로 인류가 한 종족으로서 살아남을 열쇠인지도 모른다.

2000년에 전 세계적으로 실시한 인구조사는 유사 이래

---

* 노벨 물리학상 수상자 막스 플랑크는 1917년 이탈리아의 피렌체에서 연설하던 중 자연의 보이지 않는 힘을 강조한 이 충격적인 발언으로 세상을 놀라게 했다. 시대를 앞선 플랑크의 통찰은, 양자물리학자들이 실험실 환경에서 연결된 장의 존재를 밝혀내기 거의 80년 전에 이뤄진 쾌거였다.

가장 정확한 조사로 인정받는다. 전 세계의 가정을 대상으로 진행된 이 연구에서 매우 흥미로운 통계 결과가 나왔다. 사람들은 저마다 어떤 삶의 목적이 있으며, 혼자가 아니라는 생각을 품고 살아간다는 점이다. 세계 인구의 95퍼센트 이상이 초자연적 힘이 존재한다는 것을 믿으며, 그중에서 절반 이상은 그 힘을 '신'이라고 부른다.

그렇다면 문제는 '저기 어딘가에' 무엇이 존재하느냐 존재하지 않느냐가 아니라, 그 '무엇'이 우리 삶에 어떤 의미가 있느냐 하는 것이다. 우리 중 대다수가 믿고 있는 초자연적 힘과 어떻게 소통할 수 있을까? 이에 대한 답은 수천 년전 고대인들이 자연의 비밀을 설명한 내용에서 찾을 수 있다. 이미 예상했겠지만, 인간과 신을 연결하는 언어는 우리 모두의 아주 일반적인 경험에서 찾을 수 있다. 그것은 느낌과 감정의 경험이다.

마음에 일어나는 특별한 느낌에 초점을 맞출 때, 우리는 4세기경 편집된 성경이 보급된 이후 사람들에게 잊힌 기도 양식을 사용하게 된다. 느낌과 감정을 기도의 언어로 사용하기 위한 열쇠는 기도가 어떻게 이뤄지는지를 이해하는

데 있다. 속세인의 발길이 닿지 않는 외딴 사원들에서 우리 중 95퍼센트가 실재한다고 믿는 신성한 존재와의 소통 방식이 아주 잘 보전된 채 발견되고 있다.

느낌과 감정의 기도

주지 스님의 대답을 듣는 순간, 나는 의아해하지 않을 수 없었다. 무릎 아래 돌바닥의 냉기가 그날 아침 겹쳐입은 두 겹의 축축한 옷을 파고들었다. 티베트고원에서는 날마다 여름과 겨울을 함께 경험하게 된다. 태양이 중천에 떠오르면 여름이 되고, 히말라야의 비쭉한 산봉우리 뒤로, 혹은 나를 에워싼 듯한 사원의 높은 담장 뒤로 해가 저물고 나면 겨울이 된다. 오래된 사원의 돌바닥에 맨발로 서 있는 것처럼 냉기가 몰려왔지만, 나는 그곳을 떠날 수 없었다. 내가 스무 명의 사람들을 지구 반대편으로 향하는 여행에 초대한 데는 그만한 이유가 있었다. 그날 우리 일행은 지구상에서 가장 외딴 곳에 자리한 장엄하고 신성한 지식의 보물창고, 티베트고원의 사원에 있었다.

우리의 몸은 지난 14일 동안 해발 4,800미터 이상의 고지대에 적응해왔다. 우리는 나무 바지선을 타고 차가운 강을 건넌 뒤 구닥다리 중국제 버스에 몸을 싣고 몇 시간을 달렸다. 버스 바닥에서 피어오르는 먼지구름 때문에 수술용 마스크를 쓰고 있어야 했다. 버스는 사원만큼이나 오래되어 보였지만 통역자는 그렇지 않다고 나를 안심시켰다! 행여 바깥으로 튕겨나갈세라 흔들리는 버스 안에서 옆좌석을 움켜잡다 못해 서로를 부여잡고 마음을 다잡으며 폭우에 다리가 떠내려간 곳과 길도 없는 사막을 건너온 것은, 바로 이곳에서 이 순간을 맞이하기 위해서였다.

나는 생각했다. '포근한 휴식은 잠시 미뤄두자. 오늘은 해답을 얻는 날이야.'

내 앞에는 사원의 주지 스님이 가부좌를 틀고 앉아 있었다. 나는 세월을 잊은 듯한 아름다운 남자의 눈에 온 신경을 집중했다. 그리고 여행 중에 승려를 만날 때마다 해온 질문을 통역자를 통해 그 주지 스님에게도 던졌다.

"우리는 스님께서 기도하시는 것을 보았습니다. 하루에

14시간에서 16시간 동안 찬트(염불)를 하고, 종을 울리고, 사발을 문질러 소리를 내고, 무드라(손동작)를 취하면서 만트라(주문)를 외우는 모습을 보았습니다만, 그것은 겉모습일 뿐입니다. **그동안 스님의 내면에서는 어떤 일이 일어나고 있었습니까?"**

통역자가 주지 스님의 대답을 전해주었을 때, 나는 온몸에 전율이 일었다. 바로 이 대답을 들으려고 여기까지 왔다는 것을 알 수 있었다.

"당신은 우리의 기도를 본 것이 아닙니다. 기도는 눈에 보이는 게 아니기 때문입니다."

주지 스님은 발밑의 두꺼운 양모 승복을 바로잡고 나서 이렇게 덧붙였다.

"당신이 본 것은 우리가 우리의 몸속에 감정을 불러일으키기 위해서 한 행위들입니다. **기도는 감정으로 드리는 것입니다!"**

주지 스님의 명료한 대답은 나를 휘청거리게 했다. 그의 말은 2천여 년 전 고대 그노시스파와 그리스도교 전통에 기록된 사상을 그대로 반영하고 있었다. 〈요한복음〉의 초기 번역본(예를 들면 16장 24절)에는, 주지 스님의 대답처럼, 바라는 바가 이미 성취되었다는 기분에 흠뻑 젖음으로써 기도에 힘을 부여하라는 권면의 말이 있다.

"동기를 숨기지 말고 진솔하게 요청하고, **이미 응답받았다는 기분에 젖어들어라.**"

우리의 기도가 응답받기 위해서는, 무엇보다도 우리의 긍정적인 바람에 수반되곤 하는 의심을 넘어서지 않으면 안 된다. 나그함마디문서Nag Hammadi library*에 기록된 예수의 가르침에서, 예수는 양극단을 오가는 마음을 극복하는 힘에 대해서 짧게 언급한 다음, 의심을 떨쳐내기만 하면 우리가 "'산아, 움직여라'라고 외치면 산도 움직일 것"이라고 말한다.

그렇게 오랜 세월 동안 면면히 전해 내려온 지혜라면, 오늘을 살아가는 우리에게도 그대로 적용되어야 마땅하다! 주지 스님의 말씀과 고대의 두루마리들은, 서구에서 까맣

---

* 1945~1946년 이집트의 나그함마디에서 발견된 파피루스 문서. 그노시스파의 성서 사본과 그것을 해석한 주석서이다. [옮긴이]

첫 번째 비밀

게 잊힌 기도 양식을 거의 똑같은 말로 설명하고 있다.

과거에서 얻은 신성한 교훈

기도는 인간이 할 수 있는 것 중 가장 오래되고 신비로운 경험이다. 물론 가장 사적인 경험이기도 하다. 기도라는 단어가 영적 수행법이나 의식儀式에서 나타나기도 전에, 그리스도교와 그노시스파의 가장 오래된 기록에서는, 눈에 보이지 않는 우주의 힘과 소통하는 우리의 능력을 묘사하는 데에 친교communion 같은 단어를 사용했다. 기도는 경험하는 사람마다 독특한 모습을 띤다. 혹자는 기도하는 사람의 수만큼이나 다양한 기도의 방식이 존재할 것이라고 상정하기도 한다!

오늘날 학자들은 갖가지 형태의 기도를 아우르기 위해 기도를 크게 네 가지 범주로 나누었다. 특별한 기준 없이 그 범주를 나열하면 다음과 같다.

첫째, 격식을 갖추지 않은 일상적 기도

둘째, 간청하는 기도

셋째, 예배 의식에서 행하는 의식적 기도

넷째, 명상적 기도•

학자들은 어떤 기도든 네 가지 범주에 하나 이상 해당한
다고 말한다.

이런 설명이 적절하기도 하고, 또 이들 형태의 각 기도가
저마다 효과가 있다고도 할 수 있겠지만, 이 네 가지 범주

• '일상적 기도'는 매일 쓰는 언어로 된 비형식적 기도이다. 예를 들어보자. "신이시여,
이번 한 번만 기름이 떨어지기 전에 주유소에 도착하게 해주소서. 다음부터는 미리
미리 조심하겠습니다. 약속할게요!"
'간청하는 기도'는 신에게 비는 기도이다. 예를 들면 "전능하신 신이시여, 지금 완전
한 치유가 일어나게 해주세요. 과거와 현재와 미래를 통틀어 모두 치유해주세요" 같
은 것이다.
'의식적 기도'는 좀 더 익숙한 기도로, 하루 중 혹은 연중 특정한 시간에 특별한 말로
드리는 기도이다. 두 가지 예를 들어 "이제 잠자리에 들려고 합니다…" 혹은 "전능하
시고 선하신 신이시여…" 같은 기도이다.
어떤 사람들은 기도를 신에게 '말하는 것'으로, 명상을 신의 말을 '듣는 것'으로 여겨
명상과 기도를 구분하기도 한다. 일반적으로 우리는 명상을 할 때 세상을, 우리 안에
자리한 신성한 존재를 의식한다. 그리고 이 신성한 존재가 우리의 삶에 어떤 의미가
있고 어떻게 작용하는지 경험하기 위해 여러 지식과 기술을 적용한다.

첫 번째 비밀

에 속하지 않는 다른 형태의 기도가 항상 존재해왔다. 다섯째 기도 양식, 즉 '잃어버린' 기도는 오롯이 감정을 바탕으로 한다. 우리는 무력감에 휩싸여서 초자연적 힘에 도움을 호소하곤 한다. 그런데 감정을 바탕으로 하는 기도는 전 세계 95퍼센트의 사람들이 믿는 지성의 힘intelligent force과 소통할 능력이 우리에게 주어져 있으며, 우리가 그 결과에도 참여할 수 있다고 믿는다.

이 기도는 아무런 말도 하지 않고, 특정한 자세나 손 모양을 취하지도 않고, 눈에 보이는 어떤 표현도 하지 않은 채, 기도가 이미 응답받은 것처럼 분명하고 확실하게 느끼기만 하면 된다고 말한다. 이런 무형의 '언어'를 통해 우리는 우리 몸의 치유, 친구와 가족의 풍요로움, 나라 사이의 평화를 가져오는 일에 참여하게 되는 것이다.

이런 기도 양식을 나타내는 것들을 보면서도 그것이 무엇을 의미하는지 제대로 알아차리지 못하는 경우가 적지 않다. 일례로, 아메리카 남서부 사막 지대에 세워진 고대 석조 건축물은 원래 '예배당Chapel'이었다. 그곳은 지혜를 공유하고 기도를 올리는 성소였다. 땅을 깊이 파서 지은 이 원형의 석조 건축물은 이른바 '키바kiva'라고 알려져 있는데, 새기고 깎고 색칠한 키바의 벽들을 잘 살펴보면, 잃어버린 기도 양식이 원주민의 전통 속에서 어떻게 활용됐는지 단서를 찾을 수 있다.

포코너스 지방의 키바 유적지 내부에는, 오래전 석조 건물의 벽을 뒤덮었던 진흙 벽토의 흔적이 남아 있다. 진흙 벽토에는 풍요로운 옥수수 들판 위를 떠도는 비구름과 번개의 모습이 희미하게 새겨져 있다. 다른 벽에는 엘크와 사슴 같은 야생동물이 그려져 있어, 계곡에서의 풍요로운 삶을 보여준다. 고대의 예술가들은 이와 같은 방식으로 잃어버린 기도의 비밀을 기록해놓았다.

그들은 경험하고 싶은 것들의 이미지로 주변을 가득 채워놓고 기도를 올린 것이다! 그 그림들은 오늘날 교회나 사원에서 흔히 볼 수 있는 기적이나 부활의 장면과 다르지 않다. 이런 이미지들은 기도를 드리는 사람에게 기도가 이미 응답받았다는 느낌을 불어넣어준다. 고대인들에게 기도는 오감이 총동원된, 온몸으로 느끼는 체험이었다.

첫 번째 비밀

'비'를 기도하다

1990년대 초반의 어느 날, 이런 기도가 어떻게 작동되는지 내 마음에 남아 있던 의구심이 깨끗이 씻겨나가는 사건이 일어났다. 뉴멕시코 북부의 사막 고지대에 극심한 가뭄이 들었을 때였다. 내 인디언 친구 데이비드(가명)는 '비를 기원하는' 의식에 나를 초대했다. 이른 아침 약속 장소에서 그를 만나 산길을 오르기 시작했다. 드넓은 고원 지대의 계곡 길을 두 시간 정도 걸은 끝에 우리는 데이비드가 수없이 다녀서 손바닥 보듯 훤히 아는 기도 장소에 도착했다. 그곳은 기하학적인 선과 화살표가 그려진 원형의 석조 광장이었는데, 아주 오래전에 그것을 만든 사람의 손길이 느껴질 정도로 잘 보존되어 있었다.

"여기가 어디죠?" 내가 물었다.

"여기에 오려고 아침부터 길을 나선 거예요." 데이비드가 웃으며 대답했다. "이 스톤 서클은 '치유의 바퀴'입니다. 언제부터인지 모르지만 내내 여기 있었죠. 바퀴 자체에는 아무런 힘이 없어요. 단지 기도하는 사람이 기도에 집중할 수 있도록 분위기를 조성할 뿐이죠. 그것을 일종의 로드맵, 이 세상을 다스리는 섭리와 사람들을 이어주는 지도라고 생각해도 좋을 거예요."

나의 다음 질문을 예상하기라도 한 듯 데이비드는 자신이 어린 소년이었을 때부터 이 지도의 언어를 배웠다고 말했다.

"오늘 나는 고대의 길을 따라 다른 세상으로 여행을 떠날 겁니다. 다른 세상에서 하려고 마음먹은 일을 할 생각이에요. 오늘 우리는 '비를 기도할' 거예요."

나는 할 말이 떠오르지 않았다. 데이비드는 신발을 벗더니 맨발로 원 안으로 들어가 사방을 향해 조상님들에게 경의를 표하는 동작을 취했다. 나는 그의 모습을 주의 깊게 지켜보았다. 그는 천천히 양손을 얼굴 앞으로 올려 기도 자세를 취하고는 눈을 감고 꼼짝도 하지 않았다. 한낮에 사막을 내리쬐는 태양의 열기에도 아랑곳하지 않았다. 그의 호흡은 아주 느려졌다. 과연 숨을 쉬고 있는지조차 판별하기 어려웠다. 몇 분이 흘렀을 때, 그가 크게 숨을 들이쉬면서 눈을 뜨더니 나를 보며 말했다.

첫 번째 비밀

"갑시다. 여기서 할 일은 다 했어요."

춤을 추거나 하다못해 주문이라도 외울 것으로 기대했던 나는 그가 기도를 너무 빨리 끝내는 바람에 의아하지 않을 수 없었다.

"아니, 벌써 끝났어요? 나는 당신이 **비를 내려달라고** 기도할 줄 알았는데요!"

데이비드는 이런 식의 기도를 이해하는 데 결정적인 단서가 될 만한 대답을 했다. 그는 신발 끈을 묶으려고 땅바닥에 앉더니 나를 올려다보며 웃는 얼굴로 대답했다.

"아니에요. 나는 **비를 기도하겠다**고 말했지, **비를 내려달라고 기도하겠다**고 하지 않았어요. 만약 비를 내려달라고 간청하는 기도를 했다면, 실현 가능성이 없다고 할 수 있습니다."

그날 늦게, 데이비드는 자기가 무슨 뜻으로 그런 말을 했는지 설명해주었다. 그는 어렸을 때 마을 노인들에게 기도의 비법을 전해들었다는 말로 이야기를 시작했다. 요지는 다음과 같았다.

어떤 일이 일어나게 해달라고 간청하면 그것은 곧 자신이 소유하지 못한 것에 힘을 넘겨버리는 것이다. 치유를 간청하는 기도는 질병에 힘을 넘겨주는 일이다. 비가 오게 해 달라고 요청하는 기도는 가뭄에 힘을 넘겨주는 일이다.

"이러저러한 것을 달라고 매달리면, 그것은 우리가 바꾸고 싶어 하는 것들에 더욱더 힘을 실어줄 뿐입니다."

나는 가끔 데이비드가 했던 말들을 떠올리며, 그것이 오늘날 우리의 삶에 어떤 의미가 있는지 상기하곤 한다. 예를 들어보자. 우리가 세계 평화를 **위해** 기도한다면, 그러면서 우리를 전쟁으로 이끄는 끓어오르는 분노나 전쟁 자체를 마음속으로 느낀다면, 우리는 자신도 모르게 평화의 반대편으로 가는 조건들에 불을 붙이는 것일지도 모른다! 세계의 절반이나 되는 나라들이 군사 갈등에 얽혀 있는 상황에서, 적어도 수백만 명이 매일같이 드리는 세계 평화를 **위한** 기도가 과연 어떤 역할을 해왔는가? 의문이 아닐 수 없다. 관점을 조금만 바꿔도 정말로 효과 있는 기도를 할 수 있지 않을까!

그날 나는 데이비드를 바라보며 이렇게 물었다. "비를 내려달라고 기도하지 않았다면, 무얼 하신 거죠?"

"간단합니다." 그가 대답했다. "비가 내릴 때의 **느낌**을 느끼기 시작했지요. 빗방울이 내 몸에 닿는 느낌, 비가 쏟아져서 진창이 된 마을 광장에 맨발로 서 있는 느낌을 느꼈어요. 비가 올 때면 마을의 흙집에서 나는 냄새도 맡았고, 비를 맞으면서 가슴 높이까지 자란 옥수수밭 사이를 헤집고 돌아다닐 때의 기분도 즐겼습니다."

데이비드의 설명은 이치에 완벽히 들어맞았다. 그는 모든 감각을 열어젖혔다. 우리를 세상과 연결해주는 후각과 시각, 미각, 촉각뿐 아니라 인간을 다른 생물체와 구별시키는 생각, 느낌, 감정의 숨겨진 힘까지 동원한 것이다. 그는 강력한 고대의 언어로 자연에 '말을 걸고' 있었다.

이어진 그의 설명은 내 가슴은 물론 논리를 따지는 과학적인 두뇌까지 긍정케 하며 나를 흔들어놓았다. 데이비드는 진실로 감사하는 마음이 어떻게 기도를 완성하는지 설명해주었다. 하지만 그는 자신이 창조한 것에 대해서보다는 창조에 참여하는 것 자체에 감사함을 느꼈다고 고백했다.

"우리는 감사하는 마음을 통해 모든 가능성에 경의를 표하고 우리가 선택한 것들을 이 세상으로 불러오게 됩니다."

감사하는 마음이 우리 몸에 생명력을 불어넣는 화학물질

인 호르몬을 분비해 면역체계를 강화한다는 것은 연구를 통해 밝혀졌다. 이때 일어나는 우리 내면의 화학변화는 만물을 하나로 이어주는 신비한 도관導管을 통해 우리 몸 밖으로 전해져 세상에 영향을 미치게 된다. 이것이 소위 양자효과quantum effect이다. 데이비드가 나에게 말해준 것은, 오래 전부터 전해져 내려온 정교한 내면의 기법으로서, 우리가 잃어버린 기도의 지혜라 할 만했다.

~

이 기도를 아직 해본 적이 없다면 한번 시도해보라고 권하고 싶다. 무엇이든 당신의 인생에서 경험하고 싶은 것을 생각해보라. 자기 자신이나 다른 사람의 병이 치유되는 것도 좋고, 가족이 풍족해지는 것도 좋고, 인생을 함께할 완벽한 사람을 찾는 것도 좋다. 무엇이 되었든 그 일이 이루어지기를 요청하지 말고, 이미 일어난 일인 것처럼 느껴보라. 천천히 숨을 들이쉬고 내쉬면서, 기도가 온전히 다 이루어졌을 때의 충족감을 구체적으로 모든 면에서 느껴보라.

　자, 이제는 기도가 응답을 받았을 때 달라지는 당신의 인생에 감사하는 마음을 품어보자. 도움을 요청할 때 느끼는 간절함과 목마름이 아니라, 감사하는 마음에서 비롯되는 편안함과 해방감을 맛보는 것이다! 간절하게 원하는 것과 편안함 사이에는 미묘하지만 분명한 차이가 있다. 찾고 구하는 기도는 갈망 상태에 머물게 하지만, **이미 받았다**는 느낌은 우리 마음을 한없이 편안하게 해준다.

'신의 마음' 안에서 꿈꾸기

이제까지 인정되지 않았던 에너지의 형태가 존재한다는 증거가 점점 늘어가고 있다. 이것이 데이비드의 기도 방식이 효과를 발휘하는 이유를 설명해줄 수 있을지도 모른다. 이 미묘한 에너지장은 우리가 이제껏 측정해온 에너지들과는 다른 방식으로 작용한다. 이 익숙한 힘은 전기나 자석의 성질을 띠지 않지만, 만물을 아우르는 듯한 통일장Unified Field 의 한 부분이다. 이제 겨우 인지하기 시작한 단계여서 과학자들은 이 에너지장에 아직 통일된 명칭을 부여하지 못하고 있다. 그렇다 보니 각종 논문과 서적에서 '양자 홀로 그램Quantum Hologram'이나 '자연의 마음Nature's Mind', '신의 마음Mind of God', 때로는 단순히 '장Field'으로 불리기도 한다. 어떤 이름으로 불리든, 이 에너지장은 우리네 인생에서 일어나는 온갖 일들이 새겨지는, 일종의 살아 있는 캔버스이다!

과학자들은 이 에너지장이 어떻게 생겼는지 시각화를 돕기 위해서 이를 창조의 기본 구조를 이루는 촘촘히 짜인 그물망, 곧 '신의 마음 담요the Blanket of the Mind of God'라고 묘사한다. 여러 가지로 표현할 수 있겠지만, 나는 이 에너지장을 무無 안에 살아서 존재하는 '무엇stuff'이라고 생각한다. 우리는 우리 자신과 다른 사람, 혹은 다른 물건 사이의 공간을 보면서 비어 있다고 생각하지만 사실 거기에는 에너지장이 존재한다. 고전적 원자 모델에서 원자핵과 첫 번째 궤도를 도는 전자 사이의 공간을 생각하든, 별과 별 사이 혹은 은하계 사이의 텅 비어 보이는 광대한 거리를 생각하든, 공간의 크기는 전혀 중요하지 않다. 그 무 안에, 에너지장이 있다.

현대 과학에서 에너지장의 존재가 인정됨에 따라 우리는 영적 지혜를 과학적으로 이해하는 언어와 문맥을 갖추

첫 번째 비밀

게 되었다. 예를 들어, 고대인들이 '천국heaven'이라고 언급한 곳이 바로 이 에너지장이 아닐까 생각해볼 수 있다. 이곳은 죽을 때 혼이 가는 곳이고, 잠을 잘 때 꿈꾸는 곳이며, 의식의 고향이다.

만물을 연결하는 에너지장의 존재는 100년 이상 지속되어온 과학적 세계관을 바꿔놓았다. 그동안 과학자들은 1887년에 행해진 마이컬슨·몰리의 실험Michelson and Morley experiment* 을 근거로 세상에서 일어나는 일들은 서로 아무런 관련이 없다고 생각했다.[5] 어떤 사람이 세상의 한편에서 한 일은 반대편에 있는 사람에게 아무런 영향도 끼치지 못한다고 본 것이다. 하지만 우리는 그것이 사실이 아니라는 것

---

* 1887년 신비로운 물질이 정말로 세상 만물을 뒤덮고 생명체의 활동을 연결하고 있는지 확인하기 위해 마이컬슨·몰리의 실험이 거행되었다. 이 실험은 대단히 혁신적이었음에도 여러 해석과 논쟁으로 악명을 얻게 된다. 손가락을 머리 위로 들어 바람을 느껴보면 비슷하게나마 이 실험을 체험할 수 있을 것이다. 만약 바람이 불지 않는다는 이유로 공기가 없다고 결론을 내린다면 마이컬슨·몰리의 실험이 어떻게 해석되었는가를 방증하는 것이다. 이 실험 이후 물리학자들은 '에테르ether'는 존재하지 않으며 어떤 장소에서 일어난 어떤 일은 세상의 다른 곳에서 벌어지는 다른 일에 영향을 끼치지 못한다고 결론지었다. 하지만 이제 우리는 그것이 진실이 아님을 알고 있다.

을 알고 있다! 이제야 겨우 이해하기 시작했지만, 세상 전체를 덮고 있는 에너지 담요로 인해 우리는 어떤 식으로든 모두 연결되어 있다.

거울은 속이지 않는다

고대의 전통에 따르면, 이 에너지장은 세상 만물을 서로 연결할 뿐 아니라 일종의 거울을 우리에게 제공한다. 그것은 우리의 내적인 경험을 비추는 외적인 거울이다. 에너지장은 반짝이면서 맥동하는 살아 있는 실체로서, 온갖 종류의 메커니즘에 피드백을 한다. 에너지장을 통해, 우주 만물은 우리의 마음 깊은 곳에 자리한 감정과 생각을 우리의 관계, 일, 건강의 형태로 반영한다. 우리는 그 거울 속에서 우리의 진짜 믿음을, **우리가 믿고 있다고 생각하고 싶어 하는 것이 아닌** 우리의 진짜 믿음의 속내를 볼 수 있다.

나는 이 거울이 어떻게 작용하는지 시각화를 돕기 위해 SF영화 〈심연The Abyss〉에 나오는 '살아 있는' 바닷물을 예로

첫 번째 비밀

들곤 한다.

지도에 없는 깊고 어두운 해저, 생물의 형체를 띤 정체불명의 물체가 난파된 심해 탐사선의 선원들 앞에 모습을 드러낸다(아직 영화를 보지 않은 분들을 위해 개괄적인 내용만 소개한다). 외계인과 흡사한 이 비물질적 에너지는 물질적인 것을 통해 자신을 드러내야 하고, 그래서 해저에서 가장 흔한 바닷물을 매체로 이용한다. 끝없이 이어진 튜브 모양의 지성체인 이 바닷물은 고장 난 배 안으로 들어간다. 이 지성체는 뱀처럼 스멀스멀 기어서 복도를 지나고 문을 통과해 전력을 아끼려고 한 방에 모여 있는 선원들을 발견한다.

바로 그때 거울이 등장한다. 물로 된 이 생명체가 바닥에서 위로 솟구칠 때, 그러니까 튜브의 한쪽 끄트머리가 선원들의 눈높이에서 그들의 얼굴을 똑바로 응시할 때 놀라운 일이 일어나기 시작한다. 선원들이 한 명씩 튜브 끝을 쳐다볼 때마다 순간적으로 쳐다보는 사람의 얼굴이 튜브 끝에 그대로 비친다. 인간의 얼굴이 미소를 지으면 그 '물'도 미소를 짓고, 인간의 얼굴이 웃음을 터뜨리면 웃는 모습이 '물'에도 비친다. 어떤 모습이 비치든 튜브는 그것의 좋고 나쁨을 판단하지 않으며 강조하지도 왜곡하지도 않는다. 단지 앞에 있는 사람의 모습을 그대로 비출 뿐이다.

'신의 마음의 장The Field of God's Mind'은 정확히 이런 방식으로 작용하는 것 같다. 그리고 우리가 우리 자신의 외형을 그림으로 그리듯 우리 내부의 모습을 비추고 있다.

"기도는 감정으로 드리는 것"이라고 티베트의 주지 스님은 말했다. 이는 위대한 아메리카 인디언 스승들의 가르침과도 그대로 일치한다. 그리스도교와 유대교의 전통도 마찬가지이다.

나는 생각했다. '이 얼마나 강력한가! 이 얼마나 아름다운가! 이 얼마나 단순한가!'

신의 마음이 이해하는 언어는 감정이다. 감정은 데이비드가 사막으로 비를 초대할 때마다 쓰곤 했던 언어이다. 그것이 너무나 단순하고 간단하기 때문에 우리는 그것을 실제보다 복잡할 것으로 넘겨짚기 쉽다. 그만큼 그것을 잃어버리기도 쉽다.

첫 번째 비밀

의식이 창조한다!

에너지장은 우리의 감정을 특징적으로 삶의 경험에 투영할 뿐이다. 2,500년 전에 기록된 문서에도 이러한 지혜를 정확하게 묘사한 글이 나오는데, 이는 지혜의 역사가 그것을 기록한 문서보다 더 오래되었을 수도 있음을 가리킨다. 일례로, 《에세네 평화의 복음The Essene Gospel of Peace》은 이렇게 전한다.

"나의 아이들아, 이 땅과 그 안의 모든 만물은 천국에 계시는 아버지의 왕국을 비추는 영상에 불과하다는 것을 아느냐?"[6]

나는 이 구절을 특별히 강조하고 싶다. 연못에 돌멩이를 던지면 돌멩이가 떨어진 곳에서 물결이 퍼져나가듯이, 우리가 가끔 무의식적으로 일으키는 생각과 느낌, 감정, 믿음

• 이 구절은 우리가 세상에서 목격하는 것들이 다른 보이지 않는 창조의 영역에서 비롯되었음을 일깨운다. 인간관계와 건강, 질병, 평화, 전쟁은 우리가 '차원dimension'이라고 부르는, 그리고 고대인들이 '천국'이라고 불렀던 상위 영역에서 일어나는 일들의 그림자에 불과하다.

은 삶의 청사진이 되는 에너지장에 장애를 일으키게 된다.

이런 원리를 설명하는 데는 그리 많은 말이 필요하지 않기 때문에 그 힘을 무시하기 쉽다. 하지만 고대인들은 전문 용어나 복잡한 과학 실험 없이도 일상에서 일어나는 일들이 마음에서 일어나는 감정과 직결되어 있다는 것을 이해하고 언급했다. 이 같은 심오한 지혜에 따르면, 우리의 건강과 평화에 대한 책임은 '우연한 사건'과 '악운'의 영역에 있는 것이 아니라 우리 인식의 영역 안에 있는 것이 분명하다.

지성의 장이 항상 존재한다는 생각은 전혀 새로운 것이 아니지만 현대 물리학자들은 이제야 그 개념을 좀 더 고차원적 단계로 끌어올려 탐구 대상으로 삼고 대세임을 인정하게 되었다. 아인슈타인의 동료였던 프린스턴대학의 물리학자 존 휠러John Wheeler(1911~2008)는 만물을 연결하는 에너지를 가장 잘 설명한 사람일 것이다. 나는 2002년 휠러가 중병에서 회복된 후 인터뷰한 기사를 읽은 적이 있다. 그의 연구가 지향하는 바가 무엇이냐는 질문에, 그는 병에 걸렸다가 회복한 사건이 자신이 오랫동안 깨닫지 못했던 한 가지 질문에 초점을 맞추는 계기가 되었다고 말했다.

첫 번째 비밀

"그 질문이 무엇입니까?"

기자가 묻자, 휠러는 의식과 우주의 관계를 이해하는 일에 평생을 바치기로 마음먹었다고 대답했다. 이 발언은 기존의 이론 체계를 송두리째 흔들고 지금까지의 교과서 저자들을 무덤에서 벌떡 일어나게 할 만큼 물리학계에 큰 파장을 일으켰다! 역사적으로 의식에 대한 개념과 우주의 구조는 한 번도 같은 맥락에서 다뤄진 적이 없었다.

하지만 휠러는 거기에서 멈추지 않았다. 파격 발언 이후 자신의 이론을 더욱더 정교히 다듬어 의식이 우주의 부산물 이상의 것이라는 이론을 제시했다. 그는 우리가 '참여하는participatory' 우주에 살고 있다고 주장했다.

"우리는 변화하는 우주의 일부이다. 우리는 스스로를 바라보며 스스로를 **만들어가는** 우주의 미세한 조각이다."

휠러의 발언이 의미하는 바는 실로 엄청나다. 그는 고대의 전통이 수천 년 전에 했던 말을 20세기 과학의 언어로 바꿔 반복한 것이다. "의식이 바로 창조자!"라고.

우리가 우주의 텅 빈 공간을 바라보며 그 끝을 찾을 때, 혹은 양자 세계를 들여다볼 때, 들여다보는 우리의 행위 자체가 우리가 보는 곳에 무엇인가를 가져다놓는다. 무엇인가를 보게 되리라는 인식과 기대감이, 다시 말해 무엇인가 볼거리가 존재한다는 느낌이, 바로 창조 행위이다.

고대의 문서들은 20세기 이후 가장 존경받는 과학자 존 휠러보다 한발 더 나아간다. 바라보는 것이 곧 창조라는 개념과 더불어, 중요하지만 곧잘 간과되는 한 가지 세밀한 통찰을 제시한다. **바라보는 동안** 무엇을 창조하느냐 하는 것은 우리가 가진 믿음의 질이 결정한다는 것이다.

다시 말하면, 우리가 소외감과 분노, 상처, 미움의 렌즈를 통해 우리의 몸과 세상을 바라보면, 양자의 거울은 부정적인 감정을 우리의 가족에게는 불화로, 우리의 몸에는 질병으로, 국가 간에는 전쟁으로 투사한다. 데이비드와 주지 스님이 제안한 대로 기도가 감정을 기반으로 하는 것이라면, 인생의 부족함을 느끼면서 부족한 부분이 **채워지기를 기대하며** 기도하는 것은 우리가 그토록 소망하는 축복을 스스로 부인하는 행위인 셈이다.

반면에 우리가 일체감과 감사, 지혜, 사랑의 눈으로 자신을 바라본다면, 이런 긍정적인 감정들은 사랑이 가득하고 서로를 아끼는 가정과 사회로, 국가 간의 협조로 투영되어 우리 앞에 나타날 것이다. 그 어마어마한 가능성을 상상해 보라.

아는 것을 이용하라

모두가 창조에 참여하는 공평한 우주라는 이론은 다음과 같은 질문에 해답의 실마리를 제공할지도 모른다.

"만약 기도가 그렇게 강력한 힘을 갖고 있다면, 왜 우리가 평화를 달라고 기도할수록 상황은 점점 더 악화되는 것처럼 보일까?"

편견이나 판단을 유보하고 생각해보자. 우리 눈에 불안정하고 혼란한 듯 보이는 세상은 평화가 없다는 우리의 믿음이 에너지장에 반영된 결과가 아닐까? 제발, 제발 평화가 오기를 바라는 우리의 마음이 그대로 반영되어 우리에게 되돌아오는 것은 아닐까? 만약 그렇다면, 좋은 소식이 아닐 수 없다. 거울 효과가 어떻게 발생하는지 알게 된 이상, 우리가 에너지장에 하는 말을 바꾸기만 하면 되기 때문이다.

이것이 잃어버린 기도 양식이 우리의 삶에 크게 기여할 수 있는 이유다. 관계의 지속이든, 이상적인 직업이든, 질병의 치유든 원리는 같다. 만물의 바탕에는 우리의 감정을 그대로 반영하는 유연한 본질, 그 '무엇'이 존재한다. 따라서 무엇인가를 창조하려면, 먼저 그것이 실재하는 것처럼 느껴야 한다. 머릿속으로만 생각하지 않고 가슴으로도 **실제로 느낀다면**, 그것이 우리의 삶에서 일어날 수 있다!

평화를 예로 들어보자. 알다시피 평화는 항상 존재하며 어딘가에 실재한다. 건강과 행복도 마찬가지이다. 그것들은 항상 어딘가에 존재하게 마련이다. 즉, 삶 속에서 어떤 형태로든 항상 존재해왔다. 그러므로 세상을 있는 그대로 감사하는 마음으로 바라보고 긍정적인 마음을 갈고닦는 것이 중요하다. 그렇게 하면, 더 큰 가능성의 문이 활짝 열린다. 수백만 명이 세상에 평화가 **오기를** 간절히 기도한 결과가 어떤 것인지 이미 목도하지 않았는가. 수백만 명이 세상에 이미 충만해 있는 평화에 감사하는 감정을 느낀다면 어떤 일이 벌어질까? 시도해볼 만한 가치가 충분하다!

이런 사고방식은 어떤 사람에게는 가히 파격적으로 느껴지겠지만, 자신의 경험과 믿음에 비춰보아 전적으로 동감하는 사람도 있을 것이다. 이와 관련한 과학 연구들은, 일련의 사람들이 명상과 기도로 긴장을 풀면 이들을 넘어서서 다른 사람들에게도 영향이 미친다는 가설을 뒷받침한다.

1972년 인구 만 명이 넘는 미국의 24개 도시에서 공동체 인구의 1퍼센트 미만(100명)이 참여했을 뿐인데도 각각의 공동체에서 유의미한 변화가 나타났다. 이와 유사한 몇몇 연구가 이어진 후 중동에서 '국제 평화 프로젝트International Peace Project'라는 주목할 만한 연구가 진행되었는데, 이 연구 논문은 1988년 〈분쟁의 해결The Journal of Conflict Resolution〉이라는 학술지에 실렸다.[7] 1980년대 초반 이스라엘과 레바논의 전쟁 기간에 연구자들은 단순히 머리로만 평화를 생각하면서 평화를 달라고 기도하는 것이 아니라 온몸으로 평화를 '느끼도록' 특정한 사람들을 훈련했다.

훈련을 받은 사람들은 정해진 날 정해진 시간에 전쟁으로 파괴된 중동 전역에 배치되었다. 그들이 평화로운 감정을 느끼는 동안 테러리스트의 활동이 멈추고, 범죄 발생 건수가 줄고, 응급실 방문자 수와 교통사고 발생률까지 급격히 감소했다. 훈련자들이 평화로운 감정의 표현을 멈추자, 통계치는 반전되었다. 이러한 연구는 전체 인구 중 소수만이라도 평화로운 마음을 가진다면, 그 평화가 주변 세상에 투영된다는 기존의 연구 결과를 입증한 것이다.

연구자들은 평일과 휴일, 심지어 달의 주기까지 고려했는데, 너무나 일관된 데이터가 나오는 바람에 평화를 세상에 투영하려면 몇 명이 평화의 경험을 공유해야 하는지 정확한 인원수까지 산출할 수 있었다. 그 수는 전체 인구의 1퍼센트의 제곱근이다. 이 공식으로 도출한 수는 생각보다 적다. 예를 들어 인구가 100만 명인 도시라면 100명 정도이다. 전 세계 인구를 78억이라고 한다면, 전 세계적으로 필요한 수는 9천 명이 채 되지 않는다! 이 숫자는 시작 단계에서 필요한 최소 인원수를 나타낸다. 참여자가 많을수록 효과는 더 빨리 나타난다.

더 깊이 탐구할 가치가 있는 이런 연구들은, 우연을 능가하는 어떤 효과가 존재함을 시사한다. 우리가 마음속 깊이 어떤 믿음을 품고 있느냐가 외부 세상의 분위기에 영향을

첫 번째 비밀

미친다. 이런 관점에서 보면 질병의 치유, 국가 간의 평화, 일과 인간관계의 성공에서부터 결혼의 실패, 가정의 해체에 이르기까지, 모든 현상은 우리가 스스로 인생의 경험에 부여한 의미가 그대로 반영된 결과이다.

통일장이 존재한다는 사실은 단순히 "세상은 지금 어떻게 돌아가고 있는가?"라는 우리의 앞선 질문에 대한 대답을 제시하는 데 그치지 않는다. 감정을 바탕으로 하는 기도에 대한 인식과 더불어, 고대와 현대를 관통하는 지혜는 우리의 상황을 개선하는 길을 우리에게 보여준다. 세상과 우리의 몸이 우리의 생각, 느낌, 감정, 믿음을 비추는 거울이라면, 그래서 가정의 해체, 관계의 단절, 실업, 전쟁의 위협이 만연한 현재 상황을 초래한 것이라면, 세상에 대해 우리가 느끼는 감정은 과거 어느 때보다 막대한 중요성을 띤다.

세상이라는 거울이 긍정적이고 생명 친화적이며 지속 가능한 변화의 영상을 비추기 위해서는, 우리가 거울에 그럴 만한 비출 거리를 주어야 한다. 바로 여기에, 모든 창조물을 하나 되게 하는 '신의 마음'과 기도의 언어 사이의 미묘하지만 강력한 관계가 있다. **우리**를 바꿀 수 있는 것은 세상을 우리 입맛에 맞게 바꾸려는 시도가 아니라 감정에 기반한 기도이다. 우리가 유연해지면, 세상은 자연히 개선된 우리의 모습을 반영하게 된다.

덴마크의 철학자 쇠렌 키르케고르Søren Kierkegaard(1813~1855)는 이런 통찰을 한 문장으로 요약했다.

"기도는 신을 변화시키지 않지만 기도하는 사람을 변화시킨다."

그렇다면 인생의 상처에 대해 우리가 느끼는 방식을 어떻게 바꿀 수 있을까? 바로 여기에서부터 진정한 변화가 일어나기 시작한다!

세상은 거울이다

편견이나 판단을 유보하고 생각해보자. '신의 마음'이라는 영적 거울은 우리의 생각과 느낌, 감정, 믿음을 통해 우리가 되어가는 모습을 우리에게 되비춘다. 다시 말하자면, 사랑하고 공감한 경험뿐 아니라 상처받고 두려워한 경험 또한 우리의 직장생활과 인간관계를 좌우하고 풍요와 건강에도 영향을 미친다. 따라서 살아가면서 겉으로 **행하는** 것보다 행하는 것에 대해 **느끼는** 방식이 더 중요하다.

이해를 돕기 위해 예를 들어보겠다. 당신 혹은 당신의 지인이 마음 수련 워크숍에 참가했다고 가정해보자. 그곳에서는 느낌, 감정, 기도의 원리를 비롯해 평화로운 내적 경험이 세상에 어떤 역할을 하는지 그 원리를 터득하게 해준다. 워크숍은 예상치 못한 상황으로 30분 정도 늦게 끝났다. 당신은 불이 켜지고 문이 열리기도 전에 부리나케 강의실을 벗어나 주차장으로 달려간다. 부주의로 인해 자동차 세 대와 충돌하고 나서 주차장을 빠져나온다. 그러고는 자기 목숨뿐 아니라 타인의 생명까지 위험에 처하는 것을 무릅쓰고 세 번이나 차선을 급변경해가면서 고속도로를 내달린다. 평화의 집회에 참석해야 하는데 시간이 너무 촉박하기 때문이다. 이런 식이라면, 당신은 핵심을 놓친 것이다!

미묘하지만 강력한 힘을 가진 영적 거울을 알면, 오늘날 우리가 겪는 세상사를 이해하는 데 큰 도움이 된다. 우리가 영화나 대중매체, 주변 세상에서 목격하는 것들은 우리가

과거에 가정과 공동체에 씨앗을 뿌리고 키워놓은 믿음이 반영된 것이다.

마찬가지로, 전쟁이나 자연재해에 직면한 상황에서 목격되는 사랑과 연민, 헌신이 발휘된 감동적인 사례들도 단순히 인도주의 정신을 실천하는 일부 사람들의 행위 이상의 무엇이다. 그것들은 우리가 눈에 보이는 상처 너머를 바라보는 방법을 발견할 때 비로소 가능해지는 최선을 반영한다. 세상이 우리의 믿음이 반영된 결과물이라는 인식, 그것이 진실이라면, 파괴의 현장이 믿음의 반영인 것과 마찬가지로 치유의 현장 또한 믿음의 반영이어야 한다! 그렇다면, 우리는 모두 우리가 세상에서 보고 싶어 하는 변화를 이끌어내는 일원들인 셈이다. 열쇠는 변화의 언어를 깨닫는 데 있다!

상처는 스승이요,
지혜는 교훈이다

너희가 너희 안에 있는 것을 꽃피우면, 너희는 구원을 받으리라.
그렇지 못하면, 너희는 파멸하리라.

_〈도마복음The Gospel of Thomas〉

처음에는 텔레비전에 나오는 장면이 얼른 이해가 가지 않았다. 지난 몇 주 동안 화면을 장식한 장면이었음에도 처음 보는 것처럼 낯설기만 했다. 아수라장 속에서 다양한 연령대의 사람들이 사방으로 뛰어다녔다. 모두 지저분한 몰골로 공포에 떨고 있었다. 화상을 입은 이들도 있었다. 그날 나는 호주 시드니에서 하루 종일 강연한 후 호텔 숙소로 돌아와 뉴스를 보려고 텔레비전을 막 켠 참이었다. 텔레비전 화면 쪽으로 가까이 다가가서야 비로소 내가 보고 있는 장면이 이해되기 시작했다.

시드니의 방송국들은 러시아의 베슬란 제1학교에서 벌

어지는 장면을 편집 없이 생방송으로 내보내고 있었다. 그곳에서는 수백 명의 아이와 어른이 개학 첫날 테러리스트들에게 인질로 잡히는 사건이 발생했는데, 며칠 간의 교착 상태 끝에 어떤 변화가 일어난 모양이었다. 진압 과정에서 인명 피해가 대폭 늘어났다. 학교 체육관에 억류되었던 약 1,200명의 인질 중 무려 330여 명이 사망했고, 사망자 중 절반 이상이 아이들이었다. 아무런 이유도 없이, 몇몇 분노한 사람들의 무의미한 논리에 의해 무고한 아이들이 희생 당한 것이다.

베슬란에서 그날의 참혹함을 피한 가정이 별로 없을 정도였다. 도시의 어느 거리에서든 아무나 붙잡고 물어보면, 직접 아는 사람을 잃었거나 사망자의 친척과 아는 사이였다. 가족을 한 명 이상 땅에 묻은 사람도 많았다. 비탈리 칼로예프라는 주민은 아내와 아들딸, 가족 전부를 땅에 묻었다. 목사인 테이무라즈 토티예프와 그의 아내는 다섯 자녀 중 네 명(여덟 살 보리스, 열한 살 알비나, 열두 살 루바, 열네 살 라리사)을 땅에 묻었다. 다섯째 마디나는 부상을 당해 집에서 회복 중이었다. 잔인한 운명의 소용돌이 속에서 토티예프의 형

부부도 세 자녀 중 둘을 잃었다.

많은 이의 목숨을 앗아가며 세상을 뒤흔든 뉴욕 9·11테러처럼, 베슬란에서 일어난 사건도 사람들에게 감당하기 어려운 충격을 안겼다. 이 참혹한 비극은 역경을 이겨냄으로써 다른 사람에게 귀감이 될 만큼 독실했던 사람들의 신앙마저 시험대에 올려놓았다.

캔터베리대성당의 대주교 로언 윌리엄스Rowan Williams(1950~)는 무고한 아이들이 학살되는 장면을 보면서, 신에 대한 자신의 믿음을 잠시나마 의심하지 않을 수 없었다고 고백했다. 그는 물었다.

"베슬란에서 신은 어디에 계십니까?"[8]

윌리엄스는 이런 식으로 많은 사람이 입었을 상처를 공개적으로 토로했다. 베슬란 주민들이 느낀 충격과 불신, 고통은 언론을 통해 전파되었고, 전 세계 사람들이 그 아픔을 나누었다. 그날 수많은 사람이 진실된 마음과 기도로 러시아인들이 입은 상처에 공감하며 그들과 함께했다.

러시아의 베슬란 인질 사건이나 미국의 9·11테러 같은 세계적인 대형 참사든, 개인의 삶에서 일어난 사적인 일이든, 상실과 비극에 어떻게 대처해야 할 것인가 하는 문제는 우리 각자가 평생에 걸쳐 해답을 구해야 할 난제이다. 누구나 상처를 받게 마련이지만, 상처에 대처하는 자세는 저마다 다르다.

고통과 상실감을 해결하지 않은 채 방치하면 그것은 우리의 건강과 생명, 소중한 인간관계를 파괴할 수 있다. 하지만 상처를 통해 지혜를 찾는다면, 우리는 가장 고통스러운 경험에도 새로운 의미를 부여할 수 있다. 그렇게만 된다면 우리는 자신을 위해, 가족을 위해, 사회를 위해 더 나은 사람이 될 수 있다. 이것이 바로 더 나은 세상을 건설하는 길이다.

얼마나 참을 수 있을까?

사람들은 고통의 이면에 치유의 힘이 존재한다는 사실을 오래전부터 알고 있었다. 이 사실은 지금으로부터 약 2천 년 전인 2세기 무렵의 나그함마디문서에 기록되었는데, 기록 당시뿐 아니라 오늘날에도 그 의미가 크다. 고대 그노시스 문서에는 고통에 대한 우리의 연약함이 치유와 생명으로 통하는 문이 되어준다고 표현한 구절이 있다.

복원된 문서 중 가장 영감이 가득한 〈도마복음〉에는, 예수가 우리의 연약함이 갖는 힘에 대해 언급한 내용이 있다.

"고난을 겪고 생명을 찾은 사람은 복이 있다."

예수는 또 다른 부분에서 이렇게 가르친다.

"너희가 너희 안에 있는 것을 꽃피우면, 너희는 구원을 받으리라."[9]

결국 우리 각자의 내면에 살아 있는 사랑이 우리가 경험하는 모든 치유의 원동력이다. 하지만 사랑을 느끼기 위해서는 고통에 연약한 우리 자신을 드러내놓아야 한다. 상처는 우리가 얼마나 깊이 느낄 수 있는지를 알게 해주는 한 방법이다. 타인의 고통에 공감하고 자기 자신의 고통을 느낄 수 있는 능력은 우리가 얼마나 깊이 사랑할 수 있는지를 우리에게 보여준다. 간단히 말하자면, 스스로를 치유하기 위해 필요한 사랑을 이미 갖고 있다는 것을 발견하기 위해 때로 상처라는 대가를 지불해야 하는 것이다. 가끔은 지혜와 상처, 그리고 사랑 사이의 관계를 아는 것만으로도 우리는 치유의 세계를 극적으로 경험할 수 있다.

베슬란에서 소요 사태가 계속되던 며칠 동안, 러시아인들에게는 한 가지 공통된 질문이 떠올랐다. 테러리스트들이 내무부 건물을 장악한 사건으로 92명이 죽고, 여객기 두 대가 이륙하자마자 거의 동시에 폭발하는 사고로 90명이 목숨을 잃은 데 이어 베슬란에서 330명이 넘는 사망자가 발생하자, 러시아인들의 가슴속에는 이런 질문이 솟구쳤다.

"우리는 과연 얼마만큼이나 더 고통을 견딜 수 있을까?"

고대의 전통에 따르면 이 질문에 대한 해답은 짧고, 명료하며, 직설적이다. 큰 시련은 우리에게 그것을 견디고 치유하는 데 필요한 모든 것이 **있을 때만** 주어진다는 것이다.

세상의 어머니들은 이 불변의 지혜를 명료하고 온화한 문장에 담아 대대로 전수했다.

"신은 우리가 견딜 수 있는 것 이상의 시련을 우리에게 주지 않는다."

이 단순한 말에 담긴 약속은 오랜 세월에 걸쳐 우리에게 전수되었고, 이제는 현대 과학에 의해 뒷받침되고 있다. 우리는 인생의 시련을 이겨내는 데 필요한 모든 것을 이미 갖추고 있다. 위안과 통찰력을 자기계발서와 잡지 기사, 세미나에서도 얻을 수 있지만, 필요한 영적 도구들은 이미 우리 안에 존재한다.

그렇다면 우리는 고통을 얼마나 견딜 수 있을까? 이 질문의 답은 의외로 간단한 것 같다. 그 이유에 대해서는 좀 더 설명이 필요하다. 우리의 삶 속에서 우리의 감정과 경험이 작동하는 모델을 자연에서 찾아보도록 하자.

균형이 반드시 바람직한 것만은 아니다

20세기 초 자연주의자 엘리엇R. N. Elliott(1871~1948)은 자연이 숫자로 인식되고, 도표화되고, 예측될 수 있는 패턴을 따른다고 생각했다. 인구 증감부터 기후의 주기까지를 아우르는 그의 연구는 자연이 균형을 추구한다는 것을 시사했다. 엘리엇은 인간을 자연의 일부로 보면서, 주식시장에서 돈을 쓰는 행태를 포함한 인간의 삶도 자연의 패턴을 따르며, 그 패턴은 모델과 도표로 나타낼 수 있다고 주장했다. 엘리엇은 자신의 이론을 경제 주기에 성공적으로 적용했는데, 그의 연구는 역사상 가장 훌륭한 주식시장 예측 모델로 알려진 엘리엇 파동 이론Elliott Wave Theory의 토대가 되었다.

돈을 쓰는 습관 등 인간의 모든 행태를 수치화할 수 있다는 주장은 그리 놀라운 생각이 아니다. 숫자는 우주의 기원부터 커피잔 속의 우유 소용돌이에 이르기까지 모든 것을 표현할 수 있는 만국공통어로 여겨지고 있다. 이런 추론을 따른다면, 자연이라는 가시적 세계를 느낌과 감정의 비가시적 세계에 대한 **은유**metaphor로 볼 수도 있다는 주장 또한 타당하지 않을까! 프랙털기하학fractal geometry이 바로 여기에 해당한다.

비교적 최근에 부상한 프랙털기하학은 세상을 설명하는 혁신적 방식으로, 수학에 예술을 가미해 과거에는 방정식으로만 표현할 수 있었던 것들을 시각적으로 보여준다. 프랙털기하학을 이용하면 비쭉한 산봉우리에서부터 혈관에 이르기까지, 해안선에서부터 실오라기에 이르기까지, 눈에 보이는 자연계의 많은 것을 모델화할 수 있다. 그렇게 함으로써 우리는 때로 무미건조하고 삭막한 숫자의 세계에서 벗어나, 숫자를 우리가 사는 실제 세상의 이미지로 변환해주는 아름답고도 신비한 세계로 여행을 떠날 수 있다.

가장 많이 알려진 프랙털 패턴은 망델브로 방정식 혹은 망델브로 집합이다. 수학자 브누아 망델브로Benoit Mandelbro (1924~2010)가 1970년대에 발견한 이 '살아 있는' 방정식이 컴퓨터에서 작동하기 시작하면 곡선과 나선, 레이스 모양이 빠르게 형태를 바꾸면서 아름다운 패턴을 끊임없이 만들어낸다. 그것은 균형과 혼돈 사이를 오가면서 영원히 끝나지 않는 춤을 추는 자연의 모습을 보여준다. 화면을 통해 여러 색깔과 패턴이 변하는 자극적인 모습을 보고 있노라면, 우리의 감정적 관계가 삶 속에서 역동적으로 펼쳐지는 모습을 바라보는 것 같다.

나타났다가 사라지기를 되풀이하는 패턴들은 우리의 삶을 수놓는 수많은 관계와 사건, 그 안에 녹아 있는 희로애락을 대변한다. 컴퓨터 화면에서 모든 패턴이 제자리에서 제 역할을 할 때 균형이 이루어지듯이, 모든 요소가 제자리에서 제 역할을 할 때 우리는 가장 큰 재능뿐 아니라 가장 큰 시험 또한 마주할 수 있게 된다. 이 이미지들은 주고받음, 수축과 팽창, 상처와 치유같이 영원히 계속되는 대립 요소들의 춤을 상징하며, 완벽한 균형을 이루었다가 기울어지기를 반복하는 것이 자연의 이치임을 이야기해준다. 우리는 그 이미지들 속에서 현실에서 경험하는 것들을 보게 된다.

필요한 모든 것을 다 배울 때, 생존과 치유를 위한 도구들을 우리의 '영적 도구상자' 안에 전부 갖출 때 비로소 배운 것들을 적용하여 로맨스나 직업상의 변화, 동업자, 우정 등을 우리에게 끌어당길 수 있다. 영적 도구를 갖추기 전에는 결코 그런 경험을 할 수 없다! 다시 말해서, 우리가 상처받고 실망하고 상실과 배반을 경험한다면, 그것은 우리가 그런 난관을 극복하는 데 필요한 모든 것을 이미 갖추고 있다는 뜻이다.

우리가 목표로 여기는 '균형'이 실제로는 촉매로서 작용한다는 점이 중요하다! 현실에서도 그렇고 프랙털 이미지에서도 그렇다. 패턴은 컴퓨터 화면에서 완벽한 균형을 이루고 나서야, 즉 패턴들이 똑같아지고 나서야 나누어지기 시작하고 더 큰 균형을 이루기 위해 더 새로운 패턴으로 진화한다. 우리의 삶도 정확히 이와 똑같은 방식으로 작동하는 것 같다.

프랙털의 생명 주기가 짧은 것과는 달리, 우리가 삶 속에서 영적 도구들을 축적하는 데 걸리는 시간은 한계가 정해지지 않은 듯하다. 디지털 영상은 해체했다가 재조립하는 데 몇 분밖에 걸리지 않지만, 우리의 내면에서 특정 주기가 완성되려면 몇 달 내지는 몇 년, 수십 년, 때로는 평생이 걸리기도 한다. 그러는 동안 우리는 같은 패턴을 반복하기 쉽다. 비슷한 직장으로 이직하고, 비슷한 사람들을 만나 사귀고, 비슷한 이성을 만나 연애를 하고 나서야 "아하!" 하며 깨달음을 얻는다. 자신이 왜 그런 '행동'을 하는지 깨닫는 것이다.

예를 들어보자. 새로운 도시에서 새로운 동료와 새로운 일을 시작했지만 지난번 직장을 그만두고 떠났을 때와 똑같은 상황에 부닥치는 경우가 벌어진다. 도대체 그 이유가 무엇인지 의아했던 적이 있는가? 여기서 반복되는 패턴은 반드시 좋다고도 할 수 없고 나쁘다고도 할 수 없다. 판단을 배제하고 생각해보자. 새로운 환경에서 예전의 익숙한 패턴을 반복하고 있는 자신을 발견한다면, 그것은 인생이 당신에게 무엇인가 깨달아야 할 것이 있음을 말해주고 있는 것이다. 이런 상황을 알아차리고 깨달음을 얻으면 당신은 더 나은 사람이 될 수 있다.

핵심은 이것이다. 시련은 당신이 준비된 경우에만 온다는 것. 우리가 이 원리를 알든 모르든, 인생이 우리에게 어떤 시련을 주든, 우리는 위기가 문 앞에 이르렀을 때 문제를 해결하고, 상처를 치유하고, 그런 경험에서 살아남는 데 필요한 모든 것을 이미 갖추고 있다. 당연히 그럴 수밖에 없다. 그것이 자연의 이치니까!

정상에서 밑바닥으로

균형과 변화의 주기에 면역이 된 사람은 아무도 없다. 가족과 친구가 얼마나 많든, 얼마나 많은 책을 읽었든, 얼마나 성공을 거두었든 누구에게나 인생의 변곡점이 있기 마련이다. 흥미로운 것은 저마다 변화의 계기가 다르다는 점이다.

사람들은 흔히 인생을 조종하고 통제할 준비가 되어 있다고 자신하지만, 사실은 전혀 그렇지 못하다. 인생은 우리가 통제할 수 없는 무언가를 경험하게 하고 관계를 어긋나게 하기 일쑤이다.

그 와중에 우리는 배신감과 분노를 유발하는 문제들을 극복할 기회의 순간을 향해 점점 더 다가간다. 하지만 균형을 이루기 위한 마지막 영적 도구를 제대로 갖추고 나서야 준비되었다는 신호를 보낼 수 있다. 균형 상태에 이르러서야 비로소 "이봐! 나 준비됐어. 어서 시작해!"라고 말함으로써 또 다른 여정을 시작하게 된다. 균형 상태에 이르렀다는 것은 우리가 배운 것을 세상에 증명할 준비가 되었다는 뜻이다.

의식적으로든 무의식적으로든 경험에서 깨달음을 얻을 때까지는 시련이라는 것이 너무나 미묘한 모습으로 다가와서 우리는 그것을 시련으로 인지하지 못하기도 한다! 하지만 과거에 겪은 배신과 깨진 약속이 의미하는 바를 파악할 수 있을 때 비로소 지혜와 내공을 얻어, 반복하던 패턴을 깨고 새 삶을 시작할 수 있다.

서구 불교계의 선구자로《내 마음속 부처 깨우기 Awak-
ening the Buddha Within》의 저자인 라마 수르야 다스 Lama Surya
Das(1950~)는 상처와 슬픔으로 얼룩진 시간이 얼마나 강력
한 힘을 발휘하는가에 대해 다음과 같이 말한다.

"모든 삶에는 기쁨과 슬픔이 있게 마련이다. 우리는 기쁨
에만 집중하며 슬픔은 잊으려고 애쓰지만, 인생에서 만나
는 모든 것을 자각을 위한 양분으로 삼는 것이 영적으로 더
지혜로운 일인지 모른다."

때로 삶의 '양분'은 전혀 예기치 않은 방식으로 찾아온다!

~

IT붐이 일었던 1990년대 초반, 제럴드(가명)는 캘리포니아
실리콘밸리에서 일하는 엔지니어였다. 그에게는 아름다운
두 딸과 딸들 못지않게 아름다운 아내가 있었다. 그들은 거
의 15년 동안 가족으로 함께 살았다. 내가 그를 만났을 때,
그는 얼마 전 회사에서 5년 근속상을 받은, 소프트웨어 관
리 부서의 중역이었다. 전문지식과 기술이 뛰어나 근무시
간 외에도 도와달라는 요청이 빈번할 만큼 그는 회사에 없

어서는 안 될 소중한 자산이었다.

　제럴드는 기대에 부응하기 위해 야근과 주말 근무도 마다하지 않았고, 자신이 개발한 소프트웨어를 무역박람회와 엑스포에 출품하기 위해 원거리 출장을 다니기 시작했다. 오래지 않아 그는 가족보다 동료들과 함께하는 시간이 더 많다는 사실을 깨달았다. 나는 가족과 얼마나 멀어지고 서먹해졌는지 설명하는 그의 눈빛에서 상처받은 마음을 읽을 수 있었다. 밤늦게 귀가하면 아내와 아이들은 이미 자고 있었고, 그가 아침 일찍 사무실로 출근할 때는 가족들은 아직 하루를 시작하기 전이었다. 곧 그는 집안에서 낯선 사람이 된 듯한 소외감을 느끼기 시작했다. 자기 가족보다는 회사 동료들의 가족에 관해 더 많은 것을 알게 되었다.

　제럴드의 인생은 극적인 전환점을 맞게 된다. 내가 관계의 '거울'이 삶에서 어떤 작용을 하는지에 대한 책을 쓰고 있을 무렵, 제럴드가 상담치료를 받으러 나를 찾아왔다. 지금으로부터 2,200년 전 사해문서를 쓴 저자들은 타인과의 상호작용을 일곱 가지 패턴으로 분류했다. 제럴드가 이야기를 펼쳐나갈수록 그가 일곱 가지 패턴 중 '극심한 두려움의 인생 거울'을 경험하고 있음이 분명해졌다. 그것은 '영혼의 어두운 밤 Dark Night of the Soul'이라고 불린다.

제럴드와 함께 근무하는 엔지니어 중에 비슷한 또래의 똑똑하고 젊은 여성 프로그래머가 있었다. 그는 그 여성과 짝을 이뤄 일하는 경우가 잦았는데, 둘이 며칠씩 붙어 있기도 했고 이 도시 저 도시로 함께 출장을 다니기도 했다. 얼마 후 그는 아내보다 그 여자를 더 친근하게 느끼게 되었다. 이쯤 되니 이야기의 끝이 뻔히 보이는 듯했다. 다만 제럴드가 왜 그렇게 화가 나 있는지, 그후 그에게 무슨 일이 일어났는지는 알 수 없었다.

얼마 지나지 않아, 여자 동료를 사랑하고 있다고 생각한 제럴드는 아내와 딸들을 떠나 그녀와 함께 새 삶을 살기로 마음먹는다. 그녀와는 공통점이 너무 많아 당시에는 지극히 타당한 결정으로 보였다. 하지만 몇 주 후 새로운 애인은 일 때문에 로스앤젤레스로 가게 되었고, 제럴드는 자원해서 애인이 있는 곳으로 전근을 했다.

그러나 상황은 이상하게 꼬이기 시작했다. 제럴드는 얻은 것보다 잃은 것이 너무 많다는 것을 깨달았다. 아내와 함

께 알고 지내던 친구들과 멀리 떨어져 만날 수 없게 된 데
다, 동료들은 오랫동안 열심히 일해 얻은 위상과 업무를 팽
개친 그를 가리켜 스스로 공든 탑을 무너뜨렸다고 평가했
다. 부모님도 가정을 깨뜨렸다고 그에게 화를 냈다. 제럴드
는 마음이 아팠지만 변화를 위해서 그 정도 대가는 치러야
한다고 합리화했다. 그는 새로운 인생을 시작했다. 더 바랄
게 무엇이란 말인가?

'균형의 거울'에 다다른 바로 그 지점에서 '영혼의 어두운
밤'이 닥쳐왔다. 모든 것이 제자리를 찾았다고 생각한 순간,
제럴드는 사실은 모든 것이 산산조각났음을 깨달았다!

몇 주 지나지 않아 그의 새 애인은 별안간 관계를 청산하
고 싶다며 그에게 떠나달라고 요구했다. 홀로 남겨진 그는
망연자실했다.

"그녀를 위해 모든 걸 바쳤는데, 어떻게 나에게 이럴 수
있지?"

그는 탄식했다. 그 여자를 위해 아내도 자식들도 친구들
도 일터도 버리고 떠나왔는데…. 소중히 여겼던 모든 것을
다 버렸는데….

그의 업무 능력은 곤두박질치기 시작했다. 몇 번의 경고와 평균 이하의 업무평가서를 받은 그는 결국 부서에서 쫓겨나고 말았다.

제럴드의 이야기가 계속될수록 그에게 무슨 일이 일어났는지 분명해졌다. 그는 새로운 관계와 새로운 일터, 더 많은 수입을 기대했지만, 꿈이 물거품이 되면서 최정상에서 바닥을 알 수 없는 나락으로 추락했다.

나를 찾아온 날 밤, 제럴드는 내게 물었다.

"어쩌다가 이렇게 된 걸까요? 더 바랄 게 없던 날들이 어쩌다가 이렇게 엉망진창이 된 겁니까?"

영혼의 어두운 밤, 기폭제 알아차리기

나를 찾아왔을 때, 제럴드는 소중한 것을 모두 잃어버린 상태였다. 이 이야기의 핵심은 왜 그런 일이 일어났느냐이다. 그는 자신의 인생이 충분하다고 느끼며 계속 나아가는 과정에서 사랑하는 것들을 떠나보낸 것이 아니라, 그것들을 대신할 더 나은 무언가가 있다고 믿게 되었을 때 그런 선택을 했다. 바꿔 말하면, 안전한 게임을 한 것이다. 제럴드는 마음이 이미 가정에서 떠났으면서도 더 나은 것을 찾지 못할 수도 있다는 두려움 때문에 몸은 가정의 울타리 안에 남아 있었다. 충만감을 느끼는 상태에서 직장과 친구, 사랑을 떠나는 것과, 달리 선택할 만한 대안이 없을까 봐 두려워 기존의 관계 안에 머무는 것 사이에는 미묘하지만 중요한 차이가 있다.

사람들은 종류를 불문하고 더 좋은 대안이 나타날 때까지는 현재의 관계를 유지하려는 경향이 있다. 이런 집착은 자신이 무엇을 행하고 있는지 모르기 때문일 수도 있고, 장차 무슨 일이 벌어질지 모르는 데서 오는 불확실성을 회피하고 싶기 때문일 수도 있다. 그것은 우리가 의식하지 못하는 패턴이긴 하지만 어쨌든 하나의 패턴인 것만은 사실이다. 일이든 사랑이든 라이프 스타일이든, 우리는 행복하지 않은 패턴을 계속 반복하면서도 그것에 대해 가까운 사람들과도 쉽사리 터놓고 이야기하지 않는다. 가까운 사람들에게 어떻게 속내를 보여야 할지 잘 몰라서, 겉으로는 멀쩡

하게 잘 사는 것처럼 보여도 속으로는 절망에 빠져 비명을 지르면서 변화를 갈망하는 사람이 적지 않다.

겉과 속이 다른 삶의 패턴은 부작용을 낳는다. 우리는 진실한 감정을 긴장감이나 적대감 뒤로 감추기도 하고, 때로는 아예 관계로부터 도피해버리기도 한다. 우리는 날마다 직장생활이나 가정생활을 다른 사람들과 함께하면서도 감정적으로는 서로 동떨어진 세상에 산다. 문제가 상사에게 있든 연인에게 있든 본인에게 있든, 우리는 자신을 합리화하고 타협하고 기다린다. 그러다가 별안간 '쾅!' 하고 일이 터진다. 간절히 바라고 기다렸던 일이 난데없이 현실로 나타나는 것이다. 그런 상황이 닥치면 내일이 없는 양 그 일에 매달리기도 한다.

제럴드는 허물어진 인생을 수습하지 않고 그대로 놔둔 채 새로운 관계를 맺고 새로운 도시로 이주했다. 결국 사랑했던 것들을 모두 잃어버린 그는 나와 마주 앉아 눈물을 뚝뚝 흘리며 이렇게 말했다.

"어떻게 하면 예전 직장과 가정을 되찾을 수 있을까요? 어떻게 해야 할지, 제발 얘기 좀 해줘요!"

나는 옆 테이블에서 휴지갑을 집어들어 제럴드에게 건네며 핵심을 찔렀다.

"잃어버린 것들을 되찾는 일이 중요한 듯 보이지만 사실은 그렇지 않습니다. 이 상황은 단순히 일과 가정의 문제가 아니예요. 당신은 이제 막 당신 내면의 어떤 힘을 일깨웠습니다. 그것이 당신의 가장 강력한 지원군이 되어줄 것입니다. 어려움을 이겨내고 나면 흔들리지 않는 자신감을 새로이 얻게 될 거예요. 당신은 고대인들이 '영혼의 어두운 밤'이라고 불렀던 인생의 단계에 진입했습니다."

제럴드는 눈물을 닦고 의자에 등을 기대며 말했다.

"'영혼의 어두운 밤'이라니, 그게 뭡니까? 어째서 나는 한 번도 들어본 적이 없죠?"

"'영혼의 어두운 밤'은 극도로 두려움에 사로잡히는 시기를 의미합니다. 대개는 예상하지 못할 때 경고 없이 찾아오죠. 사실은 당신이 삶을 통제할 준비가 되어 있다는 신호를 보낼 때만 이런 역동적인 소용돌이에 끌어당겨진다고 할 수 있습니다. 인생이 완벽해 보이고 균형을 이룬 것처럼 보일 때, 당신은 변화를 맞이할 준비가 된 겁니다. 당신은 사실 그런 변화를 갈망해왔던 것이고, 그래서 유혹을 거절할 수 없는 거예요. 변화하지 않는다면 도약할 수도 없을 테니까요!"

"유혹이라면, 새로운 관계 같은 겁니까?"

"정확히 맞습니다. 우리의 인생에서 관계는 우리가 앞으로 나아가게 될 것임을 보증하는 일종의 촉매입니다."

어떤 불운이 닥치든 그것을 극복할 수 있는 능력이 우리에게 있다는 걸 알고 있다고 해도, 어느 날 아침 잠에서 깨어나 "흠… 오늘부터 나는 내가 사랑하고 아끼는 모든 걸 다 버리고 '영혼의 어두운 밤'으로 들어가야겠어"라고 말할 사람은 없다. 그렇게 식은 죽 먹기처럼 간단한 일은 아닌 것이다. 시련은 전혀 예기치 않은 순간에 덮치듯 찾아오는 경우가 많다.

몇 년 전 직장과 가족, 친구, 연인이 있는 고향을 등지고 뉴멕시코 북부의 황야로 이주한 친구를 우연히 만난 적이 있다. 그렇게 많은 것을 버리고 외롭고 삭막한 사막으로 떠난 이유가 무엇이냐고 물었더니, 그는 대뜸 영적인 길을 찾기 위해서였다고 대답했다. 하지만 영적인 길을 걷기는커

녕 제대로 되는 일이 아무것도 없다고 곧바로 하소연했다. 고향에 남겨두고 온 비즈니스와 가족, 친구들이 문제였다. 그는 좌절한 것이 분명해 보였다.

내가 터득한 바로는 인생에서 우연한 일이란 없다. 우리가 경험하는 모든 장애는 더 큰 패턴의 일부이다. 나는 그의 이야기를 들으면서 어떻게든 도움이 되고 싶은 마음이 들어 내 의견을 밝히지 않을 수 없었다.

"어쩌면 당신의 영적인 길은 바로 이곳에 있는지도 모릅니다. 당면한 문제를 하나하나 풀어나가는 것, 그것이 곧 당신이 찾아야 할 영적인 길이 아닐까요?"

그는 떠나다가 말고 뒤를 돌아보며 이렇게 말했다.

"흠… 그럴지도 모르겠네요."

삶은 우리가 필요로 하는 것을 정확히 필요한 순간에 가져다준다. 컵에 물을 채우려면 수도꼭지를 틀어야 하듯이, 감정의 도구상자를 완비하고 있다는 것은 인생의 수도꼭지에서 변화가 흘러나올 것이라는 신호이다. 우리가 수도꼭지를 틀기 전에는 어떤 일도 일어날 수 없다. 영혼의 어두운 밤길을 걸을 때 한 가지 위로가 되는 것은, **변화의 수도꼭지를**

튼 것은 바로 나 자신이라는 점이다! 의식하든 의식하지 못하든, 인생이 무엇을 선사하든, 우리는 언제나 그것을 맞이할 준비가 되어 있다.

가장 큰 두려움

우리가 '영혼의 어두운 밤'을 통과하는 목적은 각자가 가지고 있는 크나큰 두려움들을 경험하고 치유하기 위해서이다. 아주 흥미로운 점은, 두려워하는 대상이 각자 다르기 때문에 어떤 사람에게 몹시 두려운 것도 어떤 사람에게는 대수롭지 않을 수 있다는 것이다. 예를 들어보자. 제럴드는 혼자 남겨지는 것이 끔찍하게 두렵다는 것을 스스로 인정했다. 하지만 그날 저녁 제럴드보다 먼저 나를 찾아와 상담한 한 여성은 혼자 있는 것이 자신에게 가장 큰 기쁨이라고 말했다.

혼자 되는 것을 두려워하는 사람이 인간관계를 어려워하면서도 인간관계의 달인이 되는 경우는 드물지 않다. 예를 들어, 제럴드는 과거에 경험한 연애와 교제, 직장생활을 결코 영원히 지속될 수 없는 것들로 설명했다! 그는 파국을 맞이할 때마다 그것이 '실패한' 관계였다고 규정지었다. 사실 그는 인간관계가 워낙 훌륭하고 원만하다 보니 그가 가장 두려워한 혼자 되는 외로움은 맛볼 시간조차 없었다. 하지만 삶에서 반복되는 패턴을 치유는커녕 인지조차 하지 못했기 때문에, 그의 두려움은 점점 더 교묘해져갔다. 결국 삶은 그가 무엇을 두려워하는지를 확실하게 보여주는 지점으로 그를 몰아넣었다.

우리는 영혼의 어두운 밤을 수없이 통과하게 되는데, 원래 처음이 가장 힘든 법이다. 최초의 경험은 그만큼 가장 강력한 변화의 도우미가 되어주는 것 같다. **왜 그렇게** 크게 상처받았는지 이유를 깨닫고 나면, 뼈아픈 경험은 새로운 의미를 띠기 시작한다. 그러다가 문득 '영혼의 어두운 밤'이라는 이정표를 발견하고는 이렇게 말한다.

　"맞아, 전에도 이런 적이 있었어! 그래, 나는 분명히 '영혼의 어두운 밤'을 통과하고 있는 거야. 그렇다면 이 관계를 극복하기 위해 무엇을 해야 하는 걸까?"

'영혼의 어두운 밤'을 한 번 통과하고 나서는 용기백배해져서 어떤 일이든지 다 감당할 수 있노라고 자신하는 사람들도 있다. 그들이 그렇게 의연할 수 있는 이유는 처음 경험을 이겨냈으므로 극복하지 못할 게 없다는 것을 잘 알게 되기 때문이다. 하지만 그 경험의 정체가 무엇이며 왜 그런 일을 겪어야 했는지 이유를 알지 못할 때는, 반복되는 패턴에 갇혀 수년, 심지어는 평생토록 허우적대게 되고, 가장 아끼는 것을 모두 잃거나 생명까지 빼앗기게 된다.

해결되지 않은 상처가 수명을 단축할 뿐 아니라 생명까지 앗아갈 수도 있을까? 이 질문에 대한 답은 가히 충격적이다!

사람은 왜 죽을까?

사람이 왜 죽는지 의문을 가져본 적이 있는가? 전쟁이나 살인, 사고, 자연재해, 잘못된 생활습관 같은 뻔한 이유는 배제하고 생각해보자. 인간이 죽는 근본 원인은 무엇일까? 영적 전통이 주장하는 대로 우리가 몸 안에 성령을 지니고 있다면, 그리고 의학이 말하는 대로 우리의 세포가 치유와 재생의 능력을 갖추고 있다면, 왜 우리의 몸은 시들고 소멸해 가는가? 이른바 '중년'을 거쳐 100세를 향해 가는 동안 건강하고 활력이 넘치는 삶에서 점점 멀어지는 이유는 무엇일까?

나는 전 세계를 돌아다니며 워크숍을 진행하면서 참가자들에게 이 질문을 수없이 던졌다. 사람들은 매번 위에 언급된 요인들을 나열하면서 '노화'가 우리의 생명을 앗아간다고 말했다. "사람은 나이가 들어 늙어가면서 기능이 멈추게 된다"는 것이 전형적인 대답이다. 언뜻 보면, 죽음의 원인을 밝힌 의학 연구들은 이런 상식적 대답과 일맥상통하는 것 같다.

이런 시각은《건강 백과사전General Health Encyclopedia》에 가장 잘 요약되어 있다. '기관과 조직, 세포의 변화Changes in Organs, Tissues, and Cells'라는 항목은 이렇게 시작한다.

"대부분의 사람은 생체 기관이 노쇠함에 따라 기능을 잃기 시작한다고 생각한다."[10]

나는 그 대부분의 사람에 속하지 않는다! 우리의 몸이 어떻게 이루어졌고 어떻게 기능하는지 조사하면 할수록 노화에는 다른 요인이, 현대 의학으로는 설명할 수 없는 그 무엇이 있다는 것을 확신하게 된다.《건강 백과사전》에는 바로 이런 가능성을 시사하는 내용이 담겨 있다. 나이가 들면서 신체가 쇠퇴하는 이유가 완전히 밝혀지지는 않았다는 것이다.

"어떠한 이론도 노화라는 변화를 완벽하게 설명하지 못한다."

다시 말하면, 세월이 흐름에 따라 인체가 점점 더 약해지는 원인을 아직 정확하게 알 수 없다는 뜻이다. 누구나 때가 되면 세상을 떠나겠지만, 나이가 들면 고통받고 죽게 된다는 통념을 뛰어넘을 길은 정녕 없는 것일까?

두 번째 비밀

우리는 영원히 존재할 수 있도록 만들어진 기적 자체이다!

과학자와 의학자를 포함한 학자들도 인간의 몸에 생명을 유지하기 위한 기적적인 능력이 있다는 것에 공감한다. 인간의 몸에는 대략 50조 개의 세포가 존재하는데, 대부분의 세포가 평생 동안 여러 차례에 걸쳐 스스로를 고치고 재생하는 능력을 갖췄다는 사실이 밝혀졌다. 바꿔 말하면, 우리는 안에서부터 우리 자신을 끊임없이 대체하고 재건하고 있는 것이다.

세포의 재생 현상에는 두 가지 예외가 있는 것으로 보인다. 뇌세포와 심장세포로, 이들은 우리를 우리답게 만드는 영적 자질과 가장 밀접한 두 기관의 세포들이다. 이들 기관의 세포에 재생 능력이 **있을 수 있다**는 것이 연구에 의해 밝혀지긴 했지만, 뇌세포와 심장세포들은 워낙 튼튼해서 평생 견딜 수 있을 정도이므로 건강한 사람이라면 재생 능력이 발휘될 필요조차 없는 것으로 보인다.

인체의 장기와 뼈, 그 밖의 조직은 복잡해 보이지만 사실은 대부분이 수소, 질소, 산소, 탄소라는 네 가지 요소로 구성되어 있다. 이 네 가지 원소는 우주에 가장 많이 존재하는 물질이다. 말하자면 우리 인간은 문자 그대로 별과 은하를 구성하는 물질과 같은 성분으로 만들어졌다. 따라서 건물에 비유한다면, 우리 몸을 짓고 수리하는 데 필요한 자재가 모자랄 일은 없는 것이다. 그렇다면 도대체 우리는 무엇 때문에 죽는 것일까?

약물의 오남용과 오진을 제외하면, 65세 이상의 성인에게 가장 위협적인 사인은 심장병이다. 심장이 잠시도 쉬지 않고 끊임없이 일한다는 사실을 생각하면, 이것은 참으로 흥미로운 통계가 아닐 수 없다. 인간의 심장은 하루에 대략 10만 번 뛰는데, 1년이면 3,680만 번에 달한다. 또한 하루 24시간 동안 대략 9,650킬로미터에 달하는 혈관으로 약 6리터의 혈액을 공급한다. 심장은 우리가 누구로 어떤 삶을 사느냐에 지대한 영향을 미친다.

공학 분야에서는 전체 프로젝트의 성공 여부가 한 요소에 달려 있을 때 그 요소를 '미션 크리티컬mission critical'이라고 부른다. 우주항공 분야를 예로 들어보자. 화성 탐사 프로젝트에서 탐사선이 고장 나고 수리할 사람이 없는 상황을 대비하기 위해, 엔지니어들은 반드시 둘 중 한 가지를 수행해야 한다. 절대 고장 나지 않는 정교한 탐사선을 만들거나, 고장 날 경우 되돌릴 수 있는 백업 시스템을 구축하는 것이다. 어떤 경우에는 두 가지를 모두 하기도 한다.

인체의 모든 세포에 혈액을 공급하는 기적의 장기인 심장은 스스로 치유하면서 장기간 견딜 수 있는, 인체라는 장치의 '미션 크리티컬'인 셈이다. 우리는 이 위대한 기관의 정지로 인해 사랑하는 사람을 잃을 때마다, 그 사람에게 **진실로** 무슨 일이 일어났는지 성찰해야 한다. 인체에서 가장 먼저 발달하는 장기 중 하나로서 오랫동안 훌륭하게 제 몫을 해왔으며, 재생 활동이 필요 없을 만큼 견고한 세포로 이뤄진 장기가 어째서 고작 몇십 년 만에 동작을 멈춰버리는 것일까? 우리가 고려하지 않은 다른 요인이 있지 않고서야 도무지 말이 되지 않는다.

현대 의학은 심장의 건강에 영향을 미치는 원인을 콜레스테롤과 식습관에서부터 환경 독소와 스트레스에 이르기까지 생리적 요인과 생활양식에서 찾는다. 순전히 화학적

측면에서만 본다면 이들 요인이 원인일 수도 있으나, 이런 설명만으로는 생리적 요인이 발생하는 이유조차 규명하지 못한다! 도대체 '심부전failure of the heart'이란 정확히 무엇을 의미할까?

심부전에 영향을 미치는 모든 생활양식이 고대의 영적 전통에서 우주와 소통하는 강력한 언어로 묘사한 보이지 않는 힘, 곧 인간의 감정과도 관련이 있는 것은 우연이 아니다. 우리가 살아가는 동안 느끼는 감정들 가운데 인체의 가장 중요한 장기에 결정적인 손상을 입히는 감정이 있는 것은 아닐까?

마음의 상처가 우리를 죽인다

무엇이 우리의 생명을 앗아가는가? 이 질문에 대한 답은 가히 충격적이다. 신체를 대상으로 하는 현대의 연구들은 생명체가 스스로 자기 신체의 소멸을 이끌어간다는 의견을 제시한다! 해소되지 않은 부정적 감정, 즉 **마음의 상처**는 심장질환의 원인으로 흔히 규정되는 긴장, 염증, 고혈압, 동맥경화 등의 신체 상태를 유발한다고 한다. 듀크대학의 의학 교수 제임스 블루먼솔James Blumenthal은 그의 괄목할 만한 연구 논문에서 마음과 신체의 관계를 밝혀냈다.[11] 그는 두려움과 좌절감, 불안, 실망감과 같은 부정적 감정을 오랫동안 경험하면 심장에 악영향이 미치고 생명이 위태로워진다고 보았다. 이런 부정적인 감정은 우리가 흔히 말하는 '상처'의 범주에 포함된다.

몸과 마음의 상관관계를 뒷받침하는 연구는 더 많다. 영국 호프먼연구소의 설립자이자 심리치료사인 팀 로런스Tim Laurence는 이른바 '옛 상처와 실망감'을 용서하고 치유하지 못함으로써 생기는 영향을 설명했다.

로런스는 "마음의 상처가 건강을 해치는 것은 분명하다"고 주장한다.[12] 그는 분노와 불안감이 고혈압과 두통, 면역력 저하, 복통, 심지어는 심장마비까지 유발할 수 있음을 밝혀낸 (블루먼솔의 연구를 비롯한) 여러 연구를 근거로 언급했다.

블루먼솔의 연구가 보여준 것은, 어떤 상황에서든 감정적 대응의 '수위를 낮추면' 심장마비를 막을 수 있다는 점이다. 이것이 바로 마음의 상처를 치유해야 하는 이유이다! 우리를 아프게 하는 마음의 상처가 우리의 몸을 파괴하고 심지어는 생명까지 앗아갈 수 있다.

블루먼솔을 비롯한 연구자들은, 단기간에 부정적인 감정을 경험하는 것이 나쁘다거나 건강에 해롭다고 주장하지는 않는다. 살면서 겪는 부정적 감정들은 지금 일어나는 일에 관심을 기울이고 치유하라는 일종의 경종 역할을 하기도 한다. 하지만 부정적인 감정들을 무시하고 해결하지 않은 채 몇 달, 몇 년, 심지어는 평생을 지낸다면 화근을 키우는 것이다.

그렇다면 우리는 결국 실망과 좌절의 고통을 통해 스스로 상처 내고 죽음에 이르는 것일까? 블루먼솔의 연구는 그 가능성에 대해 다음과 같이 언급한다.

"사람들은 흔히 가슴이 찢어질 듯이 아프다고 표현하곤 하는데, 실제로 상실과 좌절에 대한 극심한 감정적 반응은 치명적인 심장마비를 유발할 수 있다."

고대의 전통은 당대의 언어로 이러한 가능성을 정확하게 시사한다.

처음 100년이 가장 힘들다

인간의 수명이 길어야 100년인 이유는 무엇일까? 왜 200년
이나 500년이 아닐까? 모세오경을 비롯한 구약 성경의 내
용이 사실이라고 가정하면, 대개 100살을 넘기지 못하는 현
대인과 달리 많은 고대인이 수백 년을 살았다. 예를 들어 아
담은 930년을 살았고, 므두셀라는 969년, 노아는 950년을
살았다고 기록되어 있다.

　성경에 따르면, 그들은 하루하루 목숨을 연명하는 껍데
기뿐인 노인이 아니었다. 인생의 후반기에도 행복한 가정
생활을 누렸고 심지어 새로운 가정을 꾸릴 만큼 정력과 활
기가 넘쳤다! 우리라고 왜 안 될까? 인체는 오랫동안 버티
도록 만들어졌다. 모세오경에 따르면, 노아는 대홍수 이후
에도 무려 350년을 더 살았다. 그가 950살의 나이에 죽었다
는 것은 600살의 나이에도 전 인류의 생존을 위해 튼튼한
방주를 건조할 정도로 건강하고 활기가 넘쳤다는 뜻이다!

　더 오래 살고 더 건강하게 살았던 시대가 있었다면 어쩌
다가 이렇게 된 것일까? 어떤 변화가 있었던 것일까? 수 세

기 동안 전해 내려온 수많은 문서와 영적 전통에 따르면, 우리는 몸으로 자신을 표현하고 있는 영혼들이다. 몸은 우주의 원소로 만들어졌지만 몸에 생명을 불어넣는 것은 영혼이다. 우리의 영혼이 상처를 받으면 그 고통은 몸으로 전이되어 각 세포로 스며든다.

그렇다면 인간의 일반적인 수명으로 여겨지는 100년이라는 시간은 치유되지 않은 영혼의 상처를 몸이 감내할 수 있는 한계라고 보면 어떨까? 모진 세파를 견뎌낼 수 있는 최장 시간이 한 세기라고 한다면? 사람들은 사랑하는 사람이나 반려동물, 혹은 애착을 느끼는 것들이 사라지는 모습을 지켜볼 때 고통을 느낀다고 말한다. 상실과 실망과 배신으로 가득한 일생은 가장 강인하고 가장 튼튼한 신체 기관인 심장마저 무력화시킬 만큼 강력한 힘을 가진 게 아닐까? 그렇지 않다면, 우리의 상처가 아주 오래되고 그만큼 뿌리 깊은 것인지도 모른다.

고통의 근원은 겉으로 명백하게 드러나는 것도 있지만 쉽사리 드러나지 않는 것도 있다. 그중에는 우리가 생각조차 하기 싫어하는, 전 세계인이 공유하는 끔찍한 것도 있다.

어느 사회든 어느 문화든 모든 창조 신화들은 영혼이 몸을 가진 인간으로 태어나기 위해 '더 큰 영혼의 공동체'를 '떠나야 했다'고 이야기한다. 우리의 마음속에 보편적으로 자리하는 뿌리 깊은 두려움 중 하나가 바로 분리되어 홀로 되는 두려움이다.

모든 사람의 잠재의식에는 자기보다 더 큰 존재로부터 분리되면서 생긴 고통이 있는 듯하다. 만약 이것이 사실이라면, 우리는 우리가 떠나온 우리의 더 큰 영혼의 공동체를 너무나 그리워한 나머지 그보다는 규모가 작은 자기 가정을 지상에 꾸림으로써 일체감을 재창조해 허탈감을 메우려고 애쓰는 것인지도 모른다. 그렇다면 가정을 잃은 상실감이 마음에 크나큰 상처를 남기는 것은 너무나 당연한 일이다. 상실감은 원초적 고통으로 우리를 떠민다.

많은 사람들이 극심한 고통을 겪으면서도 삐걱대는 가정과 인간관계를 어떻게든 '유지하려고' 애쓰면서 쓰라린 지난날의 추억을 곱씹곤 한다. 돌이킬 수 없는 시절과 떠나간 사람을 그리워하면서 영혼의 고통을 달래려고 일종의 마취제인 술과 약물에 기대기도 한다.

사랑하는 사람과 헤어지더라도 그 사람과 함께했던 시간에 감사할 줄 안다면, 우리는 가장 강력한 치유의 길을 향해 큰 걸음을 뗄 수 있다. 이런 관점에서 보면, 우리를 죽도록 아프게 하는 것은 역으로 우리를 살리는 명약이 될 수도 있다. 쇠퇴와 소멸의 길이냐, 치유와 활력의 길이냐는 인생을 바라보는 우리의 시선과 태도에 달려 있다.

여러 가능성이 존재하지만, 확실한 것은 생물학적으로 우리 인체는 훨씬 더 오랫동안 버티고 유지될 수 있으며, 현재 우리가 누리고 있는 것보다 훨씬 더 건강하고 훨씬 더 풍족한 삶을 누릴 수 있다는 것이다. 신체적 요소로만 이루어진 현대인의 수명 방정식에는 무엇인가 빠져 있는 것 같다. 우리가 무어라 부르든, 그 '무엇'은 인체를 먹여살리는 영적인 힘일 것이다. 고대인들은 모든 생명체가 의존하며 살아가는 이 생명력을 북돋을 수 있는 비결을 우리에게 남겨놓았다. 고대인의 지혜를 탐구하면 과거의 상처를 치유의 지혜로 바꾸는 힘을 얻을 수 있다. 더 오래, 더 건강하고 더 활력이 넘치는 삶을 살기 위해서는 마음의 상처를 이해해야만 한다.

사랑을 느껴야 한다

수많은 고대의 전통이 언급한 지혜와 아름다움, 기도의 힘은 현대인의 생활 속에서 재발견되었다. 앞서 살펴보았듯이, 나바호 인디언의 깨달음은 외부 세상에서 겪는 고통과 마음속에 존재하는 사랑과 지혜의 관계를 인식하는 데 그 핵심이 있다. 전혀 다른 경험들인데도 상처와 지혜와 사랑은 이상하고도 기묘한 방식으로 서로 밀접하게 연관되어 있는 것으로 보인다.

아픈 만큼 성숙해진다는 말이 있다. 상처가 깊고 고통이 클수록 감정의 농도는 짙어진다. 고통의 강도가 강할수록 사랑의 깊이와 능력도 증가된다. 용서도 상처와 직접적인 관련이 있는 듯하다. 팀 로런스는 상처가 클수록 용서를 통해 얻는 혜택도 커진다고 말한다. 이런 관점에서 보면, **상처는 우리의 선택에 따르는 형벌이라기보다는 우리의 사랑하는 능력을 확인하는 척도로 여겨질 수 있다.** 여러 전통에서 세상을 한데 묶는 '접착제'로 묘사한 사랑의 힘은 이 미묘한 관계를 보여준다. 그리고 가장 강력한 치유의 힘은 우리의 사랑하는 능력

안에 있다.

우리는 이성적이고 사랑이 넘치는 사람들로서는 상상도 할 수 없는 방식으로 우리 자신을 시험하고 있는 것 같다. 우리는 인간관계와 일을 통해, 상실과 실패를 통해, 정체성의 최극단까지 자신을 밀어붙인다. 극심한 고통 속에서 우리는 자문한다.

"이런 경험 속에서도 우리는 과연 사랑할 수 있을까?"

피부색이 다르다는 이유로, 혹은 신을 이해하는 방식이 다르다는 이유로 상상을 초월하는 극악무도한 행위가 벌어지는 현실 속에서 과연 사랑할 수 있을까? 이해가 되지 않는다고 서슴없이 살해를 일삼고 인류를 지구상에서 말살하려는 사람들로 가득한 이 세상에서 과연 사랑을 할 수 있을까?

우리는 일생을 함께한 사랑하는 사람을 어느 날 갑자기 잃어버리는 상실의 고통을 경험한다. 어떤 세상의 어떤 생명체도 겪어선 안 될 법한 질병에 시달리는 사람들을 목격하기도 한다. 그리고 그들이 세상을 떠나면 이렇게 자문한다.

"그들이 없는 세상을 어찌 살아간단 말인가? 이 아픔 속에서도 과연 사랑할 수 있을까?"

때로 우리의 사랑은 상상을 초월하는 역경과 시련으로 시험당한다. 그럴 때마다 삶은 우리에게 그래도 여전히 사랑할 수 있겠느냐고 묻지만, 우리가 해야 할 대답은 한결같다. 큰 목소리로 "할 수 있어!"라고 외치는 것이다. 왜냐하면 우리는 아직 여기에 살고 있으니까.

우리가 그것을 사랑이라고 부르든, 그저 삶 속에서 그것의 의미를 실천하면서 살아가든 거기에는 아무런 차이가 없다. 우리를 지탱하는 것은 바로 사랑이다. 사랑은 행복할 때나 힘들 때나 우리를 이끌어가는 힘이며, 인생의 가장 쓰라린 상처도 치유할 수 있다는 보증이다. 사랑이 우리를 치유하게 하려면 사랑을 우리 삶 안으로 받아들여야 한다. 그것이 고대의 비결이다. 그러기 위해서는 가장 쓰라린 상처를 가장 심오한 지혜로 바꾸는 길을 찾아야 한다.

상처를 지혜로 바꾸기

'상처'와 '지혜'의 경험은 자연스러운 순환 주기의 일부로서

서로 긴밀히 연결되어 있다. 상처는 우리가 **경험을 해석하는 마음가짐**에서 비롯되므로, 일어난 일을 느끼고 받아들이는 방식을 바꾸면 순환을 바라보는 초점도 바뀌게 된다. 상처가 너무 깊어서 현실을 부정하고 싶든 도망치고 싶든, 어떻게든 정면 대결을 피하고 싶을 때는 그 감정 안에 갇히기 쉽다. 하지만 무엇에서 비롯된 상처이든 우리 안에는 상처를 지혜로 바꾸는 힘이 있다. 상처를 준 경험 자체는 변하지 않지만 고통을 대하는 마음가짐, 곧 우리가 느끼는 방식은 변화시킬 수 있다.

언뜻 삶의 사건들을 새롭게 느끼는 척 스스로를 속이면서 살아가라는 말처럼 들릴 수도 있다. 하지만 그렇지 않다. 최근 들어 서양의 과학자들은 고대인이 이해하고 실생활에 적용했던 미묘한 법칙을 알게 되었다. 이 법칙은 주변 세상이 일종의 살아 있는 거울이라고 제안한다. 세상이란 우리 내면에 존재하는 감정을 그대로 비추는 양자망quantum fabric인 것이다. 더 구체적으로 말하면, 우리 몸의 건강 상태는 물론이고 가정과 사회, 세계 평화에 대한 지지까지도 우리의 마음 깊이 자리한 믿음을 그대로 반영한다. 믿음과 경험

두 번째 비밀

사이의 이 같은 관계는 이제 21세기 최신 이론들에 의해 확고히 뒷받침되고 있다.

이 법칙은 '긍정적인' 믿음뿐 아니라 '부정적인' 믿음에도 똑같이 적용된다. 감사와 공감, 사랑같이 생명 친화적인 감정은 혈압 강하나 '유익한' 호르몬의 분비, 면역력 강화 등 건강에 이로운 조건을 형성하는 것으로 밝혀졌다. 마찬가지로 노여움과 미움, 질투, 분노 같은 생명에 해로운 감정은 불규칙한 심장박동, 면역력 저하, 스트레스 호르몬 수치의 증가 등 유해한 조건을 유발한다.

많은 이들이 세상에서 가장 강력하고 유일한 힘이라고 믿는 것에 대한 열쇠가 이 미묘한 원리에 있다! 인생의 진리를 찾아다니던 구르지예프는, 이름이 알려지지 않은 나라의 외딴 수도원에 이르렀을 때 내면의 강력한 힘이 깨어날 때까지 그곳에 남아 있으라는 권유를 들었다. 그의 스승은 말했다.

"그 무엇으로도 파괴할 수 없는 힘을 그대의 내면에서 획득할 때까지 이곳에 계십시오."

나는 그 힘이 상처를 치유함으로써 얻는 사랑과 지혜, 공

감이라고 믿는다. 마음의 상처에 새로운 의미를 부여하게
하는 열쇠는 삶에 대한 판단을 넘어서게 하는 비결과 동일
하다. 그것은 바로 다른 사람을 축복하는 힘이다.

두 번째 비밀

세 번째 비밀

축복은 해방이다

옳으니 그르니 따지고 판단하지 말라.
그 너머의 마당에서, 그대를 만나고 싶다.

_잘랄루딘 무함마드 루미

고대의 전통에 따르면, 천상의 천사와 지상의 천사가 다른 점이 하나 있다. 그것은 바로 천상의 천사는 자신이 천사라는 사실을 기억한다는 것이다. 때로 우리는 천사와 같이 순수하고 열린 마음으로 사랑에 빠진다. 고통을 허용하는 것은 바로 이 열린 마음이다. 우리가 쓰라린 상처를 느낄 수 있는 것은 우리의 순수성 때문이다.

우리는 모두 실제로 천사이다. 그것도 아주 강력한 천사이다. 우리에게는 사랑하고 공감하는 마음뿐 아니라 화내고 분노하는 감정이 있다는 것이 그것을 증명한다! 우리는 마음 깊이 강렬한 감정을 느끼고 그 강렬한 감정을 느끼는 대상을 향해 긍정적이거나 부정적인 에너지를 강하게 뿜어 낼 수 있다.

어느 나라에서든 거리의 성난 군중이 자신이 그토록 중요하게 여기는 것들을 파괴하고 사람을 죽이기까지 하는 장면을 볼 때마다 나는 '성난 천사들이 따로 없네!'라는 생각을 하게 된다. 우리가 천사라고 믿든 믿지 않든, 우리에게는 다른 생명체와는 다르게 자기 마음에 스스로 상처를 내는 성향이 있다. 마음에 상처를 입었을 때 다른 사람을 축복하는 일은 자기 자신의 상처를 치유하는 효과를 가져온다.

사랑이 넘치는 성자 같은 인격의 소유자라도 인생의 시련 앞에서는 믿음이 흔들릴 때가 있다. 캔터베리 대주교 로언 윌리엄스는 2004년 러시아 베슬란의 학교에서 벌어진 참극을 보고는 신에 대한 자신의 믿음을 이렇게 언급했다.

"사람들이 엄청난 에너지를 쏟아가며 그토록 사악한 행위에 몰두하는 것을 보면, 맞아요, 의심이 고개를 드는 게 당연합니다. 인간이라면 그렇게 반응하지 않을 수 없지요."[13]

우리는 참극이 발생할 때는 그만한 영적 이유가 있을 것이라고 믿지만, 그러면서도 그런 참극이 지니는 의미가 진실로 무엇인지는 모르는 경우가 많다. 기도는 비극의 고통을 완화하는 해독제로 종종 권유되곤 한다. 하지만 위대한 영적 스승들이 기도를 통해 인생의 상처를 치유하라고 조언할 때 우리는 반문하지 않을 수 없다.

"이렇게 마음이 아프고 화가 치미는데 어떻게 '긍정적인' 기도를 하란 말인가요?"

하지만 기도가 어떻게 작용하는지 이해한다면 의문은 명확히 풀리게 된다.

서양의 과학자들은 19세기에 이르러 세상 만물을 연결하는 에너지장의 존재를 인정했는데, 고대의 학자와 민간요법 치유사 들은 이전부터 당대의 언어를 빌려 '창조의 그물'을 묘사했다. 예를 들어 호피Hopi족의 창조 설화에는, 지구상의 사람들이 '거미 여인Spider Woman'의 여성적 에너지가 우주를 결합시키는 그물이라는 것을 기억하는 시대가 묘사되어 있다. 불교의 수트라는 '위대한 신 인드라가 사는 머나먼 천상의 어느 곳'을 말하면서, 그곳에서 우주와 우리를 이어주는 '신비한 그물'이 비롯된다고 이야기한다.

옛날에는 어떤 결합력에 의해 모든 것이 묶여 있다는 보편적 공감대가 있었던 것이 분명하다. 고대인들이 에너지장이 존재한다는 사실을 알았다면 그것을 이용하는 방법 또한 알고 있지 않았을까? 우리 시대에는 잊혔지만 우리의 선조들은 알고 있었던 그 비밀은 무엇일까? 우리가 이제야 어렴풋이 인지하기 시작한 양자의 원리를 선인들은 각종 문서와 전통, 사원 벽에 보존해왔다. 그것들을 살펴보면, 성 프란치스코가 '아름다운 야성의 힘'이라고 말한 기도를 어떻게 삶에 적용할 수 있는지 정확한 지침을 얻을 수 있다. 깜짝 놀랄 만한 곳에 그 비법을 푸는 열쇠가 숨겨져 있다!

신비의 공간

어떤 것이 끝나고 다음 것이 시작되기 전의 짧은 순간, 그 '사이'에는 어떤 힘이 존재한다. 은하계의 탄생과 소멸에서부터 직업과 인간관계의 시작과 끝, 심지어는 들숨과 날숨 같은 호흡에 이르기까지, 모든 창조 행위에는 시작과 끝이 있게 마련이다. 출발과 정지, 팽창과 수축, 삶과 죽음의 주기가 있는 것이다.

규모에 상관없이 모든 '시작'과 끝 사이에는 아무것도 일어나지 않는 어떤 순간이 존재한다. 바로 그 순간에 마법과 기적이 일어난다! 아무것도 선택된 것이 없는 상태, 그 찰나의 틈에 모든 가능성이 존재한다. 바로 그 지점으로부터 우리는 우리의 몸을 치유하는 힘, 우리의 인생을 변화시키는 힘, 세상에 평화를 가져오는 힘을 받게 된다. 모든 사건은 이 강력한 마법의 순간에서 비롯된다.

~

두 사건을 연결하는 신비로운 공간이 존재한다는 생각은 선인들의 지혜에 담겨 면면히 이어져 내려왔다. 예를 들어, 북아메리카 인디언은 하루에 두 번씩 지구가 그 신비의 영역 안으로 들어간다고 말한다. 첫 번째는 태양이 막 지평선 아래로 내려간 **직후**, 아직 밤의 어둠이 미처 내리기 **직전**의 순간이다. 두 번째는 밤의 어둠이 막 지나간 **직후**, 태양이 하늘의 끄트머리에서 다시 고개를 내밀기 **직전**의 순간이다.

둘 다 낮과 밤이 교차하는, 완전한 낮도 아니고 완전한 밤도 아닌 시간이다. 전통에 따르면, 그 짧은 순간이 통로가 열리는 때이다. 바로 그 순간에 심오한 진리가 깨우쳐지고, 놀라운 치유의 기적이 일어나며, 기도가 위대한 힘을 발휘한다. 인류학자인 카를로스 카스타네다 Carlos Castaneda(1925~1998)는 유명한 저서 《또 하나의 현실 A Separate Reality》* 에서 이 통로를 '세계 사이의 틈'이라고 부르면서, 이 통로를 통해 영혼과 마귀, 힘이 공존하는 비가시적 영역으로 들어갈 수 있다고 설명했다.

현대의 과학자들도 이런 공간의 존재와 힘을 인정하지만, 강조점이 다르다. 낮과 밤 같은 시간에는 의미를 적게 두는 대신 세상을 구성하는 질료에 더 관심을 둔다. 어떤 과학자는 우리가 보는 단단하고 고정된 세상이 실은 절대로 단단하고 고정된 것이 아니라고 말한다!

---

* 국내에서는 《초인수업》(김상훈 옮김, 정신세계사, 2014)이라는 제목으로 번역 출간되었다. [옮긴이]

예를 들어보자. 우리는 극장에서 보는 영화가 스크린에 움직이는 영상을 쏘아 만든 허상이라는 것을 잘 안다. 심금을 울리는 사랑 이야기든 비극이든, 수많은 그림이 한 장씩 차례로 아주 빠른 속도로 비춰져 연속된 이야기로서의 **의미**를 창조한다. 우리의 눈이 그림을 한 컷씩 보는 동안, 뇌가 그것들을 하나의 끊김 없는 영화로 인지하는 것이다.

양자물리학자들은 세상이 영화와 거의 똑같은 방식으로 돌아간다고 말한다. 일요일 오후에 열리는 스포츠 경기를 생각해보자. 풋볼 선수가 터치다운에 성공하거나 피겨스케이팅 선수가 점프해 공중에서 회전하는 모습을, 양자역학에서는 일련의 개별 사건이 매우 빠르고 긴밀하게 한데 얽혀 일어나는 것으로 본다. 여러 장의 그림이 한데 묶여 실제처럼 보이는 영화가 만들어지듯, 생명도 **양자**quanta라고 불리는 작은 불빛들의 깜빡거림과 다르지 않다. 생명의 양자는 너무나 빠르게 발생하므로, (특정한 명상법에 의해) 다르게 작동하도록 훈련된 뇌가 아니라면 일요일 스포츠 경기를 관람할 때처럼 뇌는 그 파동들을 평균해 연속 동작을 만들어낸다.

생명을 이렇게 단순하게 바라보는 관점에 치유의 실마리가 있다. 불빛 하나가 켜졌다가 다음 불빛이 켜질 때까지 그 사이에는 반드시 시간이 존재한다. 하나의 사건이 완성되고 새로운 사건이 아직 시작되기 전의 찰나, 그 공간 속에 아무것도 일어나지 않는 완벽한 균형이 존재한다. '아무것'도 없는 이 공간에는 삶과 죽음, 고통과 치유, 전쟁과 평화의 모든 시나리오들이 잠재적 가능성으로 존재한다. 이 지점이야말로 느낌과 기도가 삶의 청사진이 되는 곳이다.

핵심은 기도하는 **동안** 우리의 감정 상태가 우리가 창조하는 현실의 청사진이라는 데 있다. 에너지장이 내면의 믿음을 반영하기 때문에, 우리는 기도하기 **전에** 상처와 분노를 청소해두어야 한다. 마음속에 두려움과 상처를 품고 있다면 어떻게 '신의 마음'이 치유와 평화를 반영해주기를 기대할 수 있겠는가?

그렇다면 분노와 좌절, 질투, 상처라는 강력한 감정과 맞닥뜨렸을 때, 긍정적인 감정을 가지고 가장 강력한 효과를 발휘하는 기도를 올릴 방법은 무엇일까? 어떻게 하면 강력한 틈새 공간으로 접속하는 동안 부정적인 감정을 유보할 수 있을까? 이 의문에 대한 답을 얻기 위해 다시 한번 과거의 지혜로 눈을 돌려보자.

옳고 그름의 판단 너머

사해문서의 저자들은 틈새 공간에서 힘이 비롯된다고 말했는데, 그것은 의심의 여지가 없는 사실이다. 《에세네 평화의 복음》은 "들숨과 날숨 사이에 모든 기적이 숨겨져 있다"고 전한다. 다른 전통들과 마찬가지로, 바르게 기도하기 위해서는 틈새 공간으로 들어가는 법을 터득해야 한다는 것이 에세네 복음이 으뜸으로 여기는 가르침이다.

특히 에세네 복음은 기도하기 **전에** 어떻게 몸과 마음을 가다듬고 준비해야 하는지 상세하게 설명한다. 가장 먼저 아주 잠시 동안이라도 모든 판단과 두려움, 상처를 멈춰보라고 복음서는 권한다. 마음이 이렇게 중립 상태가 될 때 우리는 상처받은 마음에서 비롯되는 혼탁한 판단이 아니라 건강함과 명료함을 기도에 실을 수 있다. 이로써 우리는 기도가 가장 큰 효과를 낼 수 있는 의식 상태에서 '신의 마음'과 나누는 성스러운 대화 속으로 들어가게 된다.

페르시아의 시인 루미는 유창하고 단순한 언어로 우리를 내면의 중립지대로 초대한다. 그의 초대는 짧지만 실로 강력한 메시지를 내포한다.

"옳으니 그르니 따지고 판단하지 말라. 그 너머의 마당에서, 그대를 만나고 싶다."[14]

그렇다면 두렵고 위험천만해 보이는 이 세상에서 어떻게 그곳에 도달할 수 있을까? 그 지침은 분명하다.

감정의 윤활유, 축복

루미가 말한 옳고 그름을 초월한 곳에 이르는 비결은 어디에 있을까? 오늘날 우리는 그것이 축복의 지혜 안에 있다고 본다. 어떤 대상을 축복하는 것이 축복의 대상을 승인하는 것과 같다는 일반적인 믿음과는 달리, 축복은 어떤 행동이나 상황, 사건을 용납하지도, 방해하지도, 권장하지도 않는다. 축복에는 가치판단이 전혀 포함되어 있지 않다. 일어난 일을 일어난 그대로 인정할 뿐이다. 가치판단을 배제하고 있는 그대로 인정하는 행위는 치유의 시작을 허용하는 열림 자체이다.

그 이유는 무엇일까? 우리는 속상한 일을 겪으면 마음에 빗장을 채우고 상처를 외면하면서 자신의 감정을 무시하려는 성향이 있다. 그것이 우리가 상처를 대하는 일반적인 방식이다. 상처에서 비롯되는 감정을 차단하고 그것을 마음속 깊은 곳에 꼭꼭 숨겨둠으로써 더는 상처받지 않으려고 한다. 하지만 상처받은 마음은 '어디로 가지 않는다'. 우리가 어디에 놓아두든 그것은 거기에 있게 된다. 그러다가 예상하지 못한 때에 전혀 뜻하지 않은 방식으로 표면으로 떠오르곤 한다. 전쟁과 성폭행, 아동학대, 가정폭력을 당한 사람들에게서 특히 이런 경향을 볼 수 있다.

갑작스럽게 표면으로 떠오르는 분노는 인생 초기의 충격적인 경험에 기인하는 경우가 적지 않다. 어린 시절에 느낀 분노를 제대로 다루지 않고 마음 한편에 방치한 경우, 가까운 사람이나 동료가 무심코 던진 말이 과거의 상처를 깨우는 버튼이 될 수 있다.

　감정의 문을 '닫아거는' 능력은 우리가 계속해서 삶을 살아가도록 해주는 일종의 방어기제이다. 방어기제를 작동시키면, 예민한 감성에 충격을 주는 즉각적인 고통을 직면하지 않고 살아갈 수 있다. 하지만 일단 마음속에 생겨난 감정은 아무리 꼭꼭 숨겨도 앙금처럼 그대로 남아 있다. 팀 로런스는 상처를 인정하는 것이 불편하기는 해도 치유 과정에 꼭 필요한 첫걸음이라고 말한다. 로런스에 따르면, "감정의 카타르시스 과정은 부당하게 당했다는 느낌을 극복하게" 해준다.[15]

　상처를 감추는 방어기제가 효과적으로 작동하면 아픈 경험을 극복하고 치유했다고 착각하기 쉽다. 무엇 때문에 상처를 받았는지 아예 잊어버렸다고 믿기도 한다. 하지만 몸은 잊지 않는다. 연구 결과에 따르면, 우리 몸의 세포와 DNA는 우리가 살아가면서 느끼는 감정과 직접 소통한다. 몸은 우리가 느끼는 감정 하나하나에 그것에 상응하는 화학반응을 일으킨다. 우리 몸은 DHEA같이 삶에 긍정적인 호르몬이나 코르티솔같이 삶에 부정적인 호르몬을 분비함으로써 이른바 '사랑'의 화학작용이나 '증오'의 화학작용을 경험한다.

기뻐하고 감사하는 마음은 한결 가벼운 기분과 활기를 유도해 신체에 긍정적인 영향을 미치는 반면, 분노와 공포는 정반대의 효과를 낸다는 것을 우리는 본능적으로 알고 있다. 전체론적인 시각에서 볼 때 신체 곳곳에 쌓인 분노와 상처, 죄책감이 해소되지 않고 쌓이면 암과 같은 질병으로 나타난다고 주장하는 이들도 있다. 이런 입장을 단기간에 과학적으로 증명할 수는 없겠지만, 마음의 상처와 신체 장기의 손상 사이에는 분명 관련성이 존재하며 심층적으로 연구할 가치가 있다. 이를 염두에 둔다면, 상처를 무시하고 외면하는 것은 장기적으로는 우리에게 어떻게든 좋지 않은 영향을 미칠 가능성이 크다.

마음에 상처를 입었다면 상처의 경험을 오히려 우리를 돕는 새로운 경험으로 전환할 수 있는 길을 찾아보아야 한다. 그러려면 우리는 먼저 상처를 인정하고 상처가 우리 몸을 **통과해** 지나갈 수 있도록 허용해야 한다. 상처를 인정하고 허용할 수 있게만 되면, 마음에 여유가 생겨 축복의 행위로써 치유의 과정으로 들어갈 수 있게 된다.

축복의 정의

축복이란 현재 마음을 괴롭히고 있거나 과거에 마음을 괴롭혔던 일에 대한 감정을 다시 규정하게 하는 생각이나 느낌, 혹은 감정이라고 할 수 있다. 바꿔 말하면, 축복은 상처받은 감정을 몸 안에 가두는 것이 아니라 몸 밖으로 풀어주고 치유의 빛을 향해 마음의 문을 열어젖히는 감정의 '윤활유'이다. 마음에 윤활유를 바르기 위해서는 누가 고통을 받았고, 어떤 이유로 고통을 받았으며, 누가 그 결과를 목격했는지, 상처받은 사건을 모든 측면에서 인정해야 한다.

무엇이 축복인가에 관한 토론을 하다 보면 무엇이 축복이 아닌가를 분명하게 이해하는 것이 대단히 중요하다는 생각을 늘 하게 된다. 내 마음을 아프게 한 사람을 축복한다고 해서 내게 일어난 일이 대수롭지 않다거나 또 일어나도 좋다는 뜻은 결코 아니다. 여기서 말하는 축복은 잔혹한 행위나 학대를 용인하거나 변명하는 것이 아니다. 상처받은 일에 대해서 승인 도장을 찍는 것도 아니고, 그것을 다시 경험해도 괜찮다는 것도 아니다.

축복은 고통스러운 경험에서 우리를 해방한다. 어떤 일이 일어났든, 그저 그것이 일어났다고 인정하게 해준다. 일단 경험에 대한 감정을 인정하고 나면, 상처는 정체되지 않고 몸 안을 돌아다닌다. 축복은 루미가 말한 옳고 그름을 초월한 곳에 도달하는 관문이며, 틈새 공간에 접속하는 열쇠인 셈이다. 축복이 마음의 상처를 일시적으로 보류해주면, 그동안 우리는 부정적인 감정을 다른 감정으로 대체할 수 있다.

우리는 축복하는 행위를 통해 인생의 가장 쓰라린 상처와 해결하지 못한 감정을 해방하는 힘을 얻게 된다. 축복을 하면 가슴 아픈 일이 일어난 근본 원인을 찾느라 쓰라린 상처를 헤집고 원인을 캐내는 고통을 끝없이 반복하지 않아도 된다. 물론 상처를 파헤쳐 원인을 깨닫는 힘든 과정을 모두 거치고 나면 어느 정도 치유 효과가 나타날 수도 있지만, 축복하는 행위만으로도 내면의 힘을 일깨워 인생을 바꿀 수 있다. 그것도 순식간에! 분노와 상처로 얼룩진 나약함의 자리가 아니라 강인함과 명료함의 자리에서 우리 스스로 기도할 수 있을 때 놀라운 일이 시작된다.

너무 간단한 것처럼 들릴지도 모르겠다. 하지만 마음먹기에 따라 쉬울 수도 있고 어려울 수도 있다. 축복이 그렇게 강한 효과를 발휘하는 이유는 간단하다. 다른 사람을 축복하면서 동시에 그 사람을 심판하는 것이 불가능하기 때문이다. 우리의 마음은 그 두 가지 일을 동시에 할 수 없게 되어 있다.

이제부터 설명하게 될 지침에 따라 축복을 직접 시도해보라. 과거에 상처를 준 사람이나 장소 혹은 경험을 떠올린 뒤 축복의 과정을 시작해보자. 축복의 비밀에 담긴 단순하지만 강력한 효과에 당신도 놀라게 될 것이다.

축복하기 전에

축복을 하기 전에 선행되어야 할 조건이 있다. 삶에 축복을 받아들이기 위해서는 한 가지 질문에 정직하게 대답해야

세 번째 비밀

한다. 불편하다면 반드시 다른 사람 앞에서 공개적으로 대답할 필요는 없다. 이 질문은 당신만을 위한 것으로, 당신의 삶 속에서 당신이 '옳다고 여기는 것'과 '그르다고 여기는 것'이 무엇인지, 당신 자신의 가치관을 이해하는 데 큰 도움이 될 것이다. 질문은 이렇다.

"누군가가 잘못을 저질렀을 때 나는 본능적으로 대응하지 않을 준비가 되어 있는가? 반드시 대가를 치르거나 보복해야 한다는 케케묵은 통념을 극복할 준비가 되어 있는가? 바꿔 말하면, 나에게 상처를 주었으니 너도 당해야 한다는 식의 대응을 넘어설 마음의 준비가 되어 있는가?"

"그렇다"라고 대답할 수 있다면 축복은 당신의 것이니 축복의 혜택을 마음껏 누려도 좋다! "아니다"라는 대답이 나온다면 왜 자신을 상처 안에 가두고 고통을 초래하는 믿음을 고집하는지 그 이유를 따져봐야 한다.

분명한 것은 위 질문들에 대해서는 옳은 대답도 없고 그른 대답도 없다는 것이다. 단지 자기 생각이 어느 자리에 있으며 당신이 자신의 믿음을 통해 성취하고자 하는 것이 무엇인지 확실히 밝히는 데 도움이 될 뿐이다.

고대인의 비결

이런 방식의 축복 행위는 일부 전통적인 믿음과 상충하는 것처럼 보이기도 하지만, 과거의 위대한 영적 스승들의 가르침과는 일맥상통한다. 내가 축복을 추천하는 이유는, 축복이 가장 많은 사람에게 가장 짧은 시간 동안 가장 강력한 치유 효과를 발휘한다는 사실을 깨달았기 때문이다.

축복의 지혜를 담은 서양의 영적 문서들은 편집된 경우가 적지 않고, 때로는 완전히 삭제된 경우도 있다. 하지만 20세기 중반에 발견된 '잃어버린' 성경에는 고대의 비결이 잘 보존되어 있다. 나그함마디문서의 일부인 〈도마복음〉은 '판단하지 않는 데서 오는 힘'을 아주 잘 묘사한 책이지만, 역설적으로 오늘날 독자의 '판단'을 가장 많이 요구하는 문서이다.

〈도마복음〉의 해당 부분에는 예수가 평생 알고 지낸 사람들에게 한 말, 특히 삶과 죽음, 불멸에 대해 제자들과 나눈 대화가 포함되어 있다. 인간의 궁극적인 운명이 무엇이냐는 질문에 예수는 지속적이고 영원한 생명의 속성을 지닌, 이른바 '존재의 나무들'을 언급한다.

"그것들(나무들)을 잘 아는 사람은 누구든지 죽음을 경험하지 않을 것이다."[16]

예수가 제공하는 열쇠 중 하나는 '판단하지 않는 것'이다.

참된 지혜의 말과 행동에서는 우아한 기품이 느껴지게 마련이다. 예수가 제자들에게 '불멸의 자리(예수 자신이 '왕국'이라고 부르는 곳)'에 들어가려면 중용의 마음을 갖춰야 한다고 말할 때도 그런 기품이 느껴진다.

"둘을 하나로 만들 때, 안을 바깥처럼 바깥을 안처럼 만들 때, 위를 아래처럼 만들 때, 남성성과 여성성이 그대 안에서 하나가 될 때 (…) 그대들은 왕국에 들어갈 수 있을 것이다."[17]

예수가 무엇을 말하고 있는지는 너무나 분명하다.

분별하고 판단하는 마음을 넘어서서 볼 수 있을 때, 즉 이것과 저것으로 나누고 분별하는 마음을 접어둘 때 '죽음을 경험하지 않을' 상태를 만들어낼 수 있다. 삶이 우리에게 보여주는 옳고 그름, 좋음과 나쁨을 뛰어넘을 때 마음의 상처를 극복하고 크게 성장할 수 있다. 이 같은 진리가 실재하는 차원이 있다는 것을 머리로는 이해했다고 해도 그것을 삶 속에 실현하려면 **가슴의 느낌**으로 '신성神性의 장the Field of the Mind of God'에 말을 걸어 (…) 창조해야 한다.

예수는 이렇듯 스승이자 치유자로서 가슴의 상처를 지혜로 승화시키는 방법을 우리에게 알려주었다. 유사한 기법을 제안하는 다른 가르침들에 비해, 예수의 가르침은 지극히 명료하고 구체적이다. 어쩌면 그는 다른 영적 전통을 전수받던 시절에 이런 깨달음을 일부 얻었을지도 모른다. 〈도마복음〉은 예수의 가르침 중 정수라 할 만한 내용을 제공한다. 현대인에게 맞게 번역된 〈도마복음〉을 읽고 있노라면, 선도적인 사상이 농축된 요약본을 읽는 듯한 느낌이 든다!

이제부터는 예수가 말한 축복의 과정이 어떻게 효과를 발휘하는지, 예수의 가르침을 바탕으로 여러 사상을 가미해 구체적으로 설명해보겠다.

축복의 지침

〈도마복음〉의 번역본들은 우리에게 축복을 하라고 권하면서도 어떻게 축복해야 하는지, 왜 축복이 효과가 있는지는 거의 설명하지 않는다. 참조할 만한 내용 중에서 가장 잘 알려진 것은, 예수가 제자들에게 현세와 다음 세상을 살아가기 위한 가장 바람직한 영적 자질을 설명하는 대목일 것이다.

"너희를 저주하는 자를 위하여 축복하며, 너희를 모욕하는 자를 위하여 기도하라."[18]

'대갚음'을 정의와 곧잘 혼동하는 오늘날의 세상이니 이 말이 이상하게 들릴지도 모르겠다. 하물며 2천 년 전에는 이런 사고방식이 얼마나 괴상하게 들렸을지 상상하기조차 어렵다.

편집된 성경 번역본들을 보면, 예수의 가르침 속에서 이 주제는 다채롭게 변주되고 있다. 예를 들면, 〈로마서〉에서 예수는 폭력에 어떻게 대응해야 하는지 가르치는데, 그 메시지의 의도는 의심의 여지가 거의 없다.

"너희를 박해하는 자를 축복하라. 축복하고, 저주하지 말아라."[19]

축복에 대한 예수의 가르침은 대개 개인의 폭언이나 폭력을 대상으로 하지만, 다른 사람이 상처받고 있음을 알게 될 때 우리가 느끼는 고통에도 확대 적용할 수 있다.

이처럼 우리가 가슴 아픈 일을 겪고 심적 고통을 느끼는 경우는 크게 세 가지이다. 이들 중 어떤 것은 다른 것에 비해 다루기가 훨씬 더 쉽지만, 축복의 효과가 제대로 작동하기 위해서는 세 가지를 모두 인정해야 한다. 축복은 이미 일어난 일에 대해 옳고 그름을 따지는 해묵은 함정으로부터 우리를 끌어올린다. 바로 여기에 축복의 힘이 있다.

"나를 아프게 하는 것을 왜 축복해야 한단 말인가?"

이런 질문이 나오는 것이 자연스러운 일일지도 모른다. 대단한 질문이다. 오래전 축복의 힘을 발견했을 때, 나 역시 똑같은 의문이 들었다. 답은 의외로 명쾌하다. 상처를 대면할 때 우리가 선택할 수 있는 길은 두 가지이다. 상처가 곪아 소중한 것들을 서서히 하나씩 앗아가고 자신을 파괴할 때까지 방치하든가, 상처를 인정하고 치유한 다음 건강하고 활기찬 삶으로 나아가든가. 나는 〈도마복음〉에 나오는

134

다음 구절이 위의 내용을 그대로 반영하고 있다고 믿는다.

"너희가 너희 내면에 있는 것을 열매 맺으면 그것이 너희를 구원하리라. 그렇지 않으면, 너희 내면에 있는 그것이 너희를 파멸시키리라."[20]

이 원리를 적용할 때 겪는 어려움과 보상은 성 프란치스코의 말에 가장 잘 요약되어 있다. 그는 자신의 일생에 대해 이렇게 말했다.

"아름다운 것들 안에서는 신을 사랑하기가 쉬웠다. 하지만 앎이 더 깊어질수록, 나는 모든 것 안에서 신을 받아들여야 한다는 것을 깨닫게 되었다."

아름다운 경험이든 추악한 경험이든 모두 받아들일 수 있어야 한다는 뜻이다. 선택은 우리의 몫이다. 치유의 길을 선택한다면, 축복하는 것이 바로 그 길이다.

축복할 때는 어떤 상황에서든 세 가지 대상 혹은 세 부류의 사람을 축복해야 한다. 예외는 늘 있겠지만, 우리는 대개 고통받는 사람, 고통의 원인, 그리고 고통을 지켜보는 사람을 모두 축복해야 한다. 이제 각각의 대상을 어떻게 축복해야 하는지 간단하게 설명해보자.

고통받는 사람 축복하기　우선 축복을 받아야 하는 대상은 상처를 입고 고통받는 사람이다. 9·11테러나 베슬란 인질 사건처럼 엄청난 인명 피해가 발생한 대형 사건의 경우, 상상할 수 없을 정도로 큰 상실감을 경험한 피해자들과 그렇지 않은 사람들 사이에는 차이가 있다.

사랑하는 사람이 약속을 깨거나 신의를 저버린 경우처럼 **대부분의 사람이 경험하는** 고통도 있다. 어떤 경우든 축복의 대상은 고통을 당하는 당사자여야 함이 분명하다.

고통의 원인 축복하기　사람들은 이 대목을 가장 어려워한다. 하지만 상처를 주고 고통을 유발하며 분신처럼 아끼는 것을 내게서 앗아간 사람이나 사물을 축복하는 전통에서 성장한 사람은 고통의 원인을 축복하는 것이 제2의 천성으로 굳어지기도 한다.

이들처럼 축복을 일상에서 실천하면 커다란 힘을 얻을 수 있다. 가슴을 아프게 하는 사람이나 상처 주는 것들을 축복하는 힘을 내면에서 발견할 때 우리는 새롭게 태어날 수 있다. 옳고 그름을 초월하는 강인한 사람으로 거듭나 "오늘

부터 나는 과거의 상처를 극복할 거야"라고 말하는 사람이
되는 것이다.

나에게 이렇게 말하는 사람들도 있다.

"나는 이 축복이라는 것을 주변에 아무도 없을 때 한 번
해볼 겁니다. 내 친구들은 이런 사고방식을 절대 이해하지
못할 테니까요. 한 번 해보고 결과가 마음에 들지 않으면 그
냥 시기하고 미워하면서 살겠어요."

나는 대답한다. "좋아요! 한 번이면 충분해요!"

내가 자신 있게 대답한 이유는 오직 한 가지이다. 가능성
이 무궁무진한 축복의 문을 열어젖히는 **그 순간**, 우리의 내
면은 변화한다. 변혁이 일어난다. 변화가 일어나면 절대 그
전으로 되돌아갈 수 없다. 돌아가고 싶은 마음이 생길 까닭
이 없다. 내 몸의 병이 낫는 느낌을 느낄 수 있는데 무엇 때
문에 마음을 할퀴는 감정을 느끼려고 하겠는가?

한 번 시도하고 되돌아갈 생각이든 계속 해볼 작정이든,
축복이 작동하는 경험 전체를 두루 소화하지 않으면 안 된
다. 가장 미워하던, 어쩌면 분노를 품기까지 했던 사람과 장
소, 사물을 축복할 수 있어야 한다.

고통을 목격한 사람 축복하기 축복을 할 때 흔히 간과하기 쉬운 대목이다. 고통을 당하는 사람이 있으면 고통을 초래한 사람도 있겠지만, 그 결과를 인지하는 사람 역시 존재한다. 바로 우리 자신이다! 우리는 전쟁터에서 발생하는 민간인과 무고한 어린이들의 학살, 여러 사회에서 자행되는 여성에 대한 학대 행위, 관계의 단절과 가정의 해체가 초래하는 결과와 화해해야 한다.

타인의 상처를 대면하면 자기 자신을 잊기 쉽다. 어떤 비극적인 사건이 벌어지고 나면 '신의 마음'을 향해 메시지를 보내는 것도 우리의 반응, 즉 **감정의 잔상**이다. 가족 간의 사건이든 파장이 큰 전 세계적 사건이든 규모에 상관없이 비극이 일어나면, 우리가 개인적으로나 집단적으로 가지는 느낌이 의식의 빈자리를 채우게 되는 것이다. 비극을 목격한 우리 자신을 축복하라!

축복 연습

축복의 선물을 받으려면 어떻게 해야 할까?

우선 아무에게도 방해받지 않을 만한 자기만의 장소를 마련하고, 그곳에서 아래의 문장을 소리 내어 말해보자.

"나는 ＿＿＿＿＿＿＿＿＿＿ 을 축복한다."

빈칸에는 고통을 당하고 있거나 고통을 당한 사람의 이름을 적어넣는다.

"나는 ＿＿＿＿＿＿＿＿＿＿ 을 축복한다."

이번에는 고통을 준 사람이나 사건의 이름을 적어넣는다.
되도록 구체적으로 적는 것이 도움이 된다.

"나는 고통을 목격한 나를 축복한다."

계속 축복하라!

내 경험에 의하면, 축복 연습은 한두 번 만에 효과가 나타나지 않는다. 그 이유를 예상하기란 어렵지 않을 것이다. 우리는 험난한 세상에서 살아남기 위해 상처를 마음속 깊이 꼭꼭 숨기는 기술을 연마하며 살아왔다. 그 감정을 감쪽같이 위장해서 파묻어놓은 바람에 감춰둔 곳을 아예 잊어버리기도 한다. 처음 몇 번은 축복의 의식이 아무런 효과를 발휘하지 못하더라도 실망하지 말기 바란다. 자신을 방어하기 위해 스스로 쳐놓은 단단한 방어막을 뚫고 들어가려면 몇 번이고 반복해야 할 것이다.

그러니 축복을 멈추지 말아야 한다. 소리 내어 축복의 말을 하라. 거듭거듭 반복하라. 이름이든 단체든 사람이든 날짜든, 고통을 안겨준 원인을 상기시키는 것이라면 무엇이든 구체적으로 말하라. 구체적일수록 당신의 몸이 기억하는 상처에 더 가까이 접근할 수 있다. 배 속 깊숙한 곳에서 뻗어나오는 열기로 몸이 따스해지는 느낌이 들 때까지 축복의 말을 계속 반복하라. 축복의 말을 반복함에 따라 온기가 생겨나 몸 전체로 퍼져나갈 것이다.

눈물이 펑펑 쏟아지더라도 놀라지 말기 바란다. 축복이 상처의 응어리를 풀어 온몸을 돌게 만드는 과정에서 생길 수 있는 일이기 때문이다. 축복의 의식이 끝났다는 느낌이 들면 세상이 달라 보일 것이다. 상처를 준 대상은 그대로 존재하겠지만 상처를 **느끼는** 방식은 바뀌었다. 이것이 축복의 힘이다. 이것은 말로는 설명할 수 없다. 직접 경험하지 않으면 알 수 없다.

축복의 힘을 발견하고 나면 눈에 보이는 모든 것을 축복하게 된다! 나는 그런 사람들을 알고 있다! 그들은 길가에 납죽 엎드려 '잠들어 있는' 듯한 동물의 사체에서부터 텔레비전 화면에 반짝 등장하는 뉴스에 이르기까지 하루에도 여러 차례 축복의 말을 중얼거린다. 이들은 차를 타고 가다가 구급차가 스쳐지나가거나 좁은 산길의 추월 금지 지역에서 무모하게 추월하는 차를 만날 때에도 본능적으로 축복의 말을 중얼거린다. 누군가 재채기를 해도 "당신을 축복합니다Bless you"라는 말이 자동으로 튀어나올 정도다. 일상생활 속에서 그렇게 '즉석 축복 행위'가 이루어지더라도 놀라지 마시라!

나는 앞서 상처와 분노, 미움, 복수심 같은 부정적인 감정이 마음속에 들끓고 있는데 어떻게 긍정적인 기도를 할 수 있는지 의문을 제기한 바 있다. 고대인의 지혜에 따르면, 우리가 온전한 존재로서, 즉 몸, 마음, 영이 하나 된 상태에서 '신의 마음'과 나누는 거룩한 대화 상태에 들어갈 때 우리의 기도는 가장 강력한 힘을 발휘한다. 에너지장이 우리의 됨됨이를 우리에게 되비춘다는 것을 고려하면, 상처를 치유하기 위한 기도를 할 때는 북아메리카 인디언이 말하는 '기氣가 좋은 곳'에 있는 것이 더욱 중요하다.

고대인의 선물인 축복은 나약하고 불확실한 기도가 아닌 강하고 명료한 기도로 우리를 안내한다. 지침이 유용하고 흥미롭기는 해도, 지혜의 가르침은 이야기의 형태를 띨 때 가장 폭넓은 공감대를 가질 수 있다고 생각한다. 그럴싸한 이야기일수록 사례는 현실성을 띤다. 이제부터는 상실의 아픔에 시달리던 내가 처음으로 축복의 은혜를 만난 경험을 이야기하려 한다. 세상 사람들의 마음을 할퀸 '엄청난' 상처에 비하면 사소한 일화로 들릴지 모르지만, 친구를 잃고 가슴 아파하던 내가 상처를 치유할 수 있었던 것은 축복의 도움이 컸다. 이 이야기가 당신의 상처를 치유하는 데 도움이 되기를 바란다.

세 번째 비밀

상실의 시기에 축복하기

나는 반려동물과 몇 차례 끈끈한 유대감을 경험한 적이 있다. 1990년대 초반의 어느 날, 캘리포니아 섀스타산에 있는 한 호텔에서 워크숍 겸 휴가모임을 주관하고 있을 때 검은 새끼 고양이 한 마리가 호텔 복도를 어슬렁거리다 내 방으로 들어왔다. 고양이는 곧장 내 마음속에도 자리를 잡고 눌러앉았다.

새로 사귄 내 친구의 사연은 이랬다. 녀석은 태어난 지 5주쯤 된 새끼 고양이였는데, 어미 고양이가 초산인 탓인지 어미의 보살핌을 제대로 받지 못했다. 어미 고양이의 출산 사실을 처음 알게 되었을 때 호텔 직원들은 새끼들이 모두 죽었을 것으로 생각했지만, 얼마 후 작은 기적이 일어났다. 먹이 없이 5주를 버틴 어미 고양이가 뼈와 가죽만 남은 새끼를 물고 은신처 밖으로 나온 것이다. 호텔 직원들은 즉시 작은 새끼 고양이를 정성껏 보살폈다. 사람들은 살아남으려는 새끼 고양이의 놀라운 의지를 보고 녀석에게 '멀린'이라는 이름을 붙여주었다.

그날 저녁 멀린은 내 방에 찾아와 방문 앞에서 끈질기게 야옹야옹 울었고, 평소 동물이라면 사족을 못 쓰는 나로서는 어쩔 수 없이 녀석을 방에 들여놓고 말았다. 워크숍이 열리는 동안 멀린은 매일 밤 나와 같이 잠을 잤고 아침에는 내가 식사하는 동안 옆에 앉아 있었다. 욕실 세면대 가장자리에 앉아 면도하는 나를 지켜보기도 하고 다음 날 강연 준비를 하느라 켜놓은 35밀리 슬라이드 화면(파워포인트가 널리 쓰이기 전이었다) 앞을 유유히 걸어다니기도 했다. 매일 아침 내가 샤워를 할 때면 욕조 가장자리에 서서 내 몸에서 튕겨 나오는 물방울을 받아먹기도 했다. 주말이 되자 나는 멀린을 좋은 친구로 생각하게 되었을 뿐 아니라 삶에 대한 강한 의지를 지닌 이 작은 기적의 생명에게 강한 애정을 느끼게 되었다.

우여곡절 끝에 멀린과 나는 뉴멕시코 북부 고지대 사막에 있는 내 집으로 오게 되었다. 멀린은 금세 '가족'으로 자리 잡았다. 그 후로 3년간 멀린은 내가 저녁을 차릴 때마다 내 곁을 지켰고, 첫 번째 책을 쓰는 동안에는 낡은 애플 컴퓨터 옆에서 잠을 잤다.

세 번째 비밀

그러던 어느 날 밤, 멀린은 평소처럼 산책을 나간 뒤 다시는 돌아오지 않았다. 그날은 1994년 여름, 거대한 혜성이 목성에 충돌한 주였다. 처음에는 여느 고양이처럼 동네를 배회하다 곧 들어오겠거니 생각했다. 멀린은 새나 고래처럼 지구의 자기장을 이용해 사막을 돌아다니다가 목성이 지구의 자기장을 교란하는 바람에 길을 잃고 헤매게 된 것일지도 모른다. 아니면 다른 이유가 있었을 수도 있다. 확실한 것은 멀린이 사라졌다는 사실이다.

이틀 동안 멀린이 집에 들어오지 않자 나는 녀석을 찾아나섰다. 거의 일주일 동안 일손을 놓고 전화도 받지 않은 채 뉴멕시코주 타오스의 북부 평원을 이 잡듯이 뒤졌다.

'목장주들이 양을 해치는 코요테를 잡기 위해 설치한 덫에 걸리기라도 한 걸까? 낡은 건물이나 우물 안에 갇혀 있는지도 몰라.'

나는 몇 날 며칠을 부엉이 둥지를 들추고, 오소리굴과 코요테굴을 비롯해 굴이란 굴은 모조리 들여다보았다. 그러다가 녀석을 무사히 찾을 거라는 희망을 버리고 털이나 목걸이 같은 녀석의 흔적을 찾기 시작했다. 하지만 나의 노력은 수포로 돌아갔다.

그러던 어느 날 나는 동틀 녘에 아직 잠이 덜 깬 상태로 침대에 누워 실마리를 찾게 해달라고 빌었다. 내 친구에게 어떤 일이 일어났는지 알아야만 했다. 그렇게 의문에 휩싸여 있을 때 한 번도 일어난 적 없고 이후로도 일어나지 않은 일이 일어났다. 무슨 소리가 다락방 쪽에서 나더니 연거푸 같은 소리가 이어졌다. 이내 울음소리가 집을 둘러싸고 사방에서 들려왔다. 코요테의 울음소리였다. 그 집에 산 이후 그렇게 많은 코요테의 울음소리를 듣기는 그때가 처음이었다.

몇 분 동안 계속되던 울음소리가 낑낑거리는 소리로 바뀌더니 갑자기 뚝 멈췄다. 눈물이 핑 돌았다. 나는 소리 내어 외쳤다.

"이제 멀린은 내 곁에 없겠구나."

그 순간 내 친구에게 무슨 일이 일어났는지 알 것 같았다. 코요테가 멀린을 해쳤구나. 다시는 멀린을 보지 못할 거야.

그날 이후로 집 주변에 코요테가 출몰하기 시작했다. 그것도 환한 대낮에! 코요테는 전에도 본 적이 있었지만, 항상 해 질 녘이나 동틀 녘이었다. 하지만 그날은 코요테들이 한낮에 사방에 깔려 있었다. 새끼를 거느린 코요테 가족도 있었고 혼자인 놈도 있었다. 두세 마리씩 짝을 지은 코요테들이 들판을 어슬렁거렸다.

내가 이 이야기를 하는 것은 이유가 있어서다. 나는 멀린을 잃고 가슴이 아팠다. 상처받은 나는 내 친구를 해친 놈이 '바로 네놈들이구나' 하고 생각하며 코요테들을 한 마리씩 쫓아다닐 수도 있었다. 장총을 들고 농장 지붕에 올라가 코요테가 한 마리도 남지 않을 때까지 죽은 멀린의 복수를 할수도 있었다. 그렇지만 그렇게 해도 달라지는 것은 아무것도 없을 것이었다. 멀린은 여전히 내 곁에 없을 테니까.

코요테들에게 화가 나지 않았다. 그냥 내 친구가 그리울 뿐이었다. 멀린이 밤마다 방충망에 날아드는 나방 같은 사냥감을 쫓으며 내는 이상한 소리가 그리웠다. 여름이면 차가운 타일 바닥에 누워 나를 쳐다보던 그 눈길이 그리웠다.

그날 오후 나는 차를 몰고 흙과 자갈이 깔린 계곡길을 달려 고속도로로 나갔다. 그때 나는 평생 처음으로 축복의 은혜를 경험했다. 아무도 내 말을 듣지 못하게 창문을 닫아놓고(어차피 수 킬로미터 내에 사는 사람이 없었지만!) 죽은 멀린을 축복했다. 녀석이 내 삶에 선사한 모든 기쁨을 생각하면서 녀석에게 고마움을 표했다. 거기까지는 쉬웠다. 그러고 나서 코요테들을 축복하기 시작했다. 특히 멀린의 생명을 앗아간 코요테들을 축복했다. 그러자 이상하게도 곧 코요테와 미묘한 친밀감이 들기 시작했다. 코요테는 내게 상처를 주려고 일부러 멀린을 죽인 것이 아니었다. 그저 코요테다운 행동을 한 것뿐이었다! 나는 나 자신을 축복하면서 자연이 때로는 왜 그리 잔인해 보이는 건지 이해하려고 노력했다.

처음에는 아무 변화가 없는 것 같았다. 가슴이 너무 아파서 축복을 마음 '안에' 들여놓을 수가 없었다. 하지만 두세 번 반복하자 변화가 일어나기 시작했다. 가슴에서 온기가 일더니 점점 몸 전체로 번지는 느낌이 들었다. 눈물이 차오르면서 이내 격렬한 울음이 터졌다. 나는 길가에 차를 세우고 더는 축복할 기운이 남지 않을 때까지 최선을 다해 축복했다. 그날 나는 축복의 의식을 완성했다.

축복 의식을 행한다고 해서 세상이 바뀌지는 않는다. 바뀌는 것은 우리 자신이다! 우리에게 상처를 준 것이 무엇이

든 그 대상을 인정하고 해방할 때 세상이 달리 보이고 우리
는 더 강인하고 건강한 사람으로 거듭난다.

그날 그렇게 코요테와 화해하고 나서 간혹 밤에 그들의
울음소리를 듣기는 했지만, 집 근처를 얼씬거리는 코요테
는 한 번도 본 적이 없다. 그러다가 작년에 다른 종류의 '고
양이'를 보았다. 살아 있는 야생 퓨마를 보기는 처음이었다.
녀석은 우리 집 울타리 밑으로 들어와 집 마당에까지 진출
했다!

외면하는 것이 능사는 아니다

대수롭지 않은 것 같지만 내가 멀린의 이야기를 한 이유는
지극히 개인적이기는 하지만 진실한 이야기이기 때문이다.
내가 멀린을 위해 축복한 방식은 사적인 고통이든 많은 사
람이 관련된 아픔이든 모든 상처에 적용할 수 있다. 얼마 전
나는 평생 가장 충격적이고 끔찍한 행위를 목격했는데, 그
것은 내게 축복의 힘을 시험하는 기회를 주었다. 역시나 축

복은 세상에 대한 나의 믿음을 유지하게 해주었다. 그리고 우리가 살고 있는 지금의 세상보다 더 좋은 세상을 만드는 것이야말로 내가 살아 있는 이유라는 것을 다짐하도록 힘을 북돋워주었다.

~

나는 그 소식을 듣자마자 얼어붙었다. 이라크에서 일하던 미국 시민이 방금 처형당했다는 소식이었다. 그는 머리가 잘린 채 길거리의 쓰레기통에 버려졌다. 세상 어디에서든 반드시 지켜져야 할 인간의 존엄성이 바닥에 떨어진 사건이었다.

CNN이 그 잔인한 살인 사건을 보도할 당시 나는 책 홍보차 유럽을 돌고 있었다. 전 세계 다른 방송사들은 처형 장면이 담긴 동영상이나 사진을 그대로 내보내지만 CNN은 그러지 않기로 했다고 CNN 뉴스의 앵커가 말했다. 그러면서도 동영상에 찍힌 희생자의 모습이 어떠한지는 자세히 묘사했다. 시각적 상상력이 뛰어난 나로서는 차라리 직접 사진을 보는 것이 낫겠다 싶을 정도로 그 설명은 끔찍했다. 피해자의 목이 잘리기 직전 마지막 몇 초를 묘사하는 앵커의 말을 듣고 있자니 머릿속에 이미지가 떠오르면서 참혹한 소식을 접할 때면 늘 그렇듯 몹시 불쾌한 기분이 들었다.

내가 이라크에서 벌어진 끔찍한 참형 사건과 전쟁사 기록물을 접하며 얻은 교훈 중 하나는, 고통과 의도적인 생명의 훼손이 사전적 의미로서는 결코 '이해될' 수 없다는 것이다. 합리적이고 사랑이 많은 사람들은 전쟁이 흔히 수반하는 잔혹한 행위들을 도저히 납득할 길이 없다. 잔혹한 행위를 저지르는 사람들을 이해하려면 나 자신이 전쟁터에 있다고 상상하고 그들의 입장에 서봐야 한다. 그러면 그런 사건들이 우리가 사는 세상의 일부가 된다. 진짜 현실이 되는 것이다.

나는 강연 도중 청중에게 뉴스를 시청하는 습관이 바뀐 분은 손을 들어보라고 한 적이 있다. 많은 사람이 손을 들었다. 모든 사람이 갈수록 뉴스를 덜 보거나 아예 보지 않고 있었다. 내가 그 이유를 묻자 사람들은 뉴스를 보면 우울해지고 기분이 나빠지기 때문이라고 대답했다. 본인뿐 아니라 가족들이 잔인하고 고통스러운 장면을 본 뒤 아무런 방법이 없다는 무력감에 빠지는 것을 원하지 않았다.

날마다 새로운 테러 소식을 전하는 미디어의 맹공을 피해 지내면 잠시나마 유예기간을 얻을 수 있겠지만, 그 기간은 머지않아 끝나고 만다. 내 말을 믿으시라. 나는 그것을 실제로 경험한 적이 있다. 작은 시골 마을에서 소박한 일상에 파묻혀 지냈음에도 세상이 돌아가는 소식은 어떤 식으로든 생활 전반에 파고들어 내 귀에 들어왔다. 사건과 사고는 끊임없이 일어난다. 엄청난 사건은 결국 "그 소식 들었어요?" 하는 말로 찾아온다. 입소문으로, 잡지 기사로, 신문 머리기사로 피하고 싶은 상황과 맞닥뜨리게 되는 것이다.

그런 상황에 부닥칠 때는 어떻게 해야 할까? 외면하는 것만이 능사는 아니다. 삶이 우리에게 보여주는 것들을 변화시킬 수는 없겠지만, 우리 자신의 삶을 계속하기 위해서는 그것들을 '소화하는' 법을 찾지 않으면 안 된다.

세상의 상처를 느끼든, 사소하지만 아끼던 것을 잃고 괴로워하든 축복의 힘은 같은 방식으로 작용한다. 나는 상실의 아픔을 겪던 시기에 가장 큰 축복의 은혜를 경험했다. 아버지가 갑자기 돌아가시는 바람에 아버지와의 관계가 영원히 풀리지 못한 상태로 남았을 때도 그랬고, 두 번이나 결혼에 실패했을 때도 그랬고, 가장 가까운 사람들이 나를 배신했을 때도 그랬다. 축복의 힘을 믿었기에 확신을 가지고 축복의 의식을 행할 수 있었다.

당신에게도 축복의 은혜가 찾아오기를! 곤경에 처한 당신에게 축복이 친구가 되어주기를!

네 번째 비밀

아름다움은
변화의 촉매

아름다움은 거울에 비친 자신의 모습을 바라보는 영원.

하지만 그대가 바로 영원이요, 그 거울인 것을.

_칼릴 지브란

아름다움은 인간이 머리로는 이해할 수 없는 가장 강력한 경험이다. 유사 이래 인간은 이 신비한 힘과 길고도 기이한, 때로는 위험한 춤을 춰왔다. 우리의 소중한 전통이 담긴 옛 이야기들은 천상의 강력한 천사들이 타락한 이유를 새로이 창조된 여성, 즉 '사람의 딸들'의 아름다움에 저항하지 못하고 무너진 것에서 찾고 있다.

초기 그리스도교의 초석을 닦은 예언자 에녹은 〈에녹서 The Book of Enoch〉에서, 지상 여인들의 아름다움을 거부하지 못해 타락한 천사가 200명이라고 이야기하고, 그들을 이끌었던 '우두머리 천사들'이 누구인지 밝힌다.[21] 샘야자 Samyaza

와 라무엘Ramuel, 투렐Turel 같은 이름으로 불리는 '완벽주의
자들'은 생명이 유한한 여자들과 부부의 연을 맺는 것이 우
주의 법칙에 어긋나는 일임을 알고 있었다. 하지만 관능은
영원한 생명을 위협하는 위험을 압도했고, 그들은 관능 앞
에 무릎을 꿇었다. 후대의 성경에는, 델릴라라는 여인의 아
름다움이 지상에서 가장 힘센 남자 중의 하나인 삼손을 사
랑의 포로로 만들고 여인이 배신함으로써 삼손이 결국 죽
음에 이르는 이야기가 나온다.

　역사는 우리와 아름다움의 관계에 관한 이야기이다. 역
사에는 아름다움의 힘과 유혹, 아름다움을 추구하며 벌어
지는 갖가지 우여곡절, 아름다움을 취하고 싶은 욕망, 아름
다움을 손에 넣으려는 시도, 아름다움을 정복할 수도 있다
는 믿음이 녹아 있다. 우리는 가장 매혹적인 경험인 아름다
움을 정의하고자 골몰해왔다. 아름다움이란 정확히 무엇을
말하는 걸까?

　　　　　　　　　　　　　　　　　네 번째 비밀

아름다움의 신비

아름다움이 의미하는 바는 사람마다 차이가 있다. 아름다움을 정의하라고 하면, 사람들은 대개 자신의 경험을 바탕으로 아름다움이 자기 인생에서 어떤 의미가 있는지 말한다. 과학자에게 아름다움은 수학 방정식을 풀 때 주어지는 우아한 해답의 형태를 띨 수 있다. 사진작가는 사진작품에 드러난 빛과 그림자의 극명한 대비에서 아름다움을 발견할 것이다. 아름다움을 '위대한 창조 질서의 표현'으로 본 아인슈타인은 "모차르트의 음악은 너무나 순수하고 아름다워서 우주의 내적 아름다움이 그대로 반영된 것 같다"고 말했다.

사람들은 저마다 독특한 미적 경험을 하므로 아름다움의 정의는 아름다움을 느끼는 사람의 수만큼 다양할 것이다. 아름다움을 절대적인 힘으로 보는 사람도 있고, 경험이나 성질, 판단, 개념으로 보는 사람도 있지만, 어떤 정의를 내리든 아름다움이 어떤 힘을 지녔다는 것만은 확실하다. 우리는 아름다움 앞에서 변화한다. 아름다움의 정체를 정확하게 알 수는 없어도, 아름다움으로 고통과 상처와 두려움을 치유할 수는 있다.

고대의 전통들이 주장하듯이 아름다움이 그 자체로 힘을 지녔다면, 아름다움은 자연의 힘 가운데 가장 기이한 힘을 가진 듯하다. 우리의 존재 여부와 상관없이 존재하는 중력이나 전자력과는 달리, 아름다움의 힘은 우리가 관심을 기울일 때까지 잠들어 있다. 아름다움은 세상을 변화시킬 힘을 가지고 있지만 우리가 관심을 기울일 때까지는 휴면 상태로 있다. 아름다움을 경험할 수 있는 생명체는 우리뿐이므로, 우리가 삶 속에서 아름다움을 인정할 때만 아름다움은 잠에서 깨어난다.

이런 관점에서 보면, 아름다움은 우리의 눈을 즐겁게 해줄 뿐 아니라 그 이상의 의미를 지닌다. 아름다움은 가슴과 머리와 영혼으로 하는 **경험**이다. 아름다움은 우리가 종종 경험하는 삶의 '불완전성'에서 완전함을 보려는 우리의 의지에서 비롯된다. 믿었던 사람에게 배신을 당하면 처음에는 충격을 받겠지만, 자신도 이전에 다른 방식으로 누군가를 배신했다는 걸 깨닫는다면 그 충격은 누그러질 것이다. 우리는 때때로 전혀 뜻밖의 방식으로 우리에게 되돌아오는

네 번째 비밀

경험 속에서 균형을 발견하고 '아름다움'을 느끼곤 한다.

날마다 일상 속에서 아름다움을 발견하기 위해서는 새로운 아름다움을 창조하기보다는 이미 존재하는 아름다움을 볼 줄 알아야 한다. 아름다움은 모든 사물 안에 늘 존재한다. 아름다움이 절대 존재할 리 없다고 여겨지는 곳에서도 아름다움을 찾을 수 있다.

가장 쓰라린 상처에 새로운 의미를 부여하는 힘을 찾아 영혼 깊숙이 들어가는 순간 우리는 선현들의 위대한 지혜를 발견하게 된다. 그들의 지혜는 아름다움을 발견하는 것이 우리의 선택에 달려 있다고 말한다. 날마다 선택을 할 때마다 이 경험과 저 경험을 비교하지 말고, 오직 그 순간 우리 앞에 놓인 것에 집중하고 그것의 고유한 가치를 생각해야 한다. 이로써 더 위대한 아름다움을 삶 속으로 끌어당기는 씨앗을 심는 것이다.

실제로 경험하는 것들을 아름다움에 대한 고정관념과 자꾸 비교하다 보면 그 순간의 아름다움을 놓치게 된다. 나바호 인디언의 전통에는 이 원칙이 담긴 단순한 경구가 있다.

"아름다움에 근거한 삶을 살아가기를!"[22]

우리는 각자 기준을 세우고 그 기준에 따라 인생의 아름다움을 가늠한다. 여기서 한 가지 묻지 않을 수 없다. 당신은 무엇을 기준으로 인생의 성공과 실패, 균형을 가늠하는가? 당신에게 아름다움의 잣대는 무엇인가?

아름다움은 우리가 허락한 곳에 존재한다

아름다움은 한눈에 보이지 않는다. 카트만두의 유서 깊은 어느 지역을 방문했을 때 겪은 일이다. 일행과 부대끼며 단체여행을 하던 나는 카트만두의 광장에 서 있었다. 우리는 티베트 고지대에 적응할 겸 해발 4천 미터에 자리한 네팔 마을에서 이틀간 머물기로 했는데, 그곳의 오래된 힌두교 사원과 문화의 매력에 빠졌다. 그렇게 일행과 광장에 서 있는데, 입고 있던 등산용 면바지의 주름이 당기는 느낌이 들었다. 하지만 강한 느낌은 아니어서 그냥 무시했다.

그러다가 본능적으로 눈길을 돌려 아래를 내려다본 나는 뜻밖의 풍경과 마주쳤다. 내 무릎 근처에 턱수염이 듬성듬

네 번째 비밀

성한 어떤 남자의 얼굴이 있었다. 나는 그와 시선이 마주쳤다. 시간을 거슬러 올라가 고대인과 마주한 듯한 기분이 들었다. 남자의 길고 헝클어진 머리카락과 은회색의 턱수염 다발이 한데 뒤엉켜 뜨거운 바람에 휘날렸다. 힌두교 성인이라면 으레 그렇듯 흰색 잿가루가 땀으로 축축한 남자의 피부에 군데군데 뭉쳐 있었고, 몸은 오랫동안 고지대의 거친 햇빛에 시달려 까맣게 탄 데다 상처투성이였다.

내 눈에 들어온 광경을 이해하기까지 시간이 조금 걸렸다. 남자의 허리 아래에는 다리 대신 허리에 두르는 흙투성이 천이 땅바닥에 널려 있었고, 남자의 다리가 있어야 할 곳에는 작은 널빤지가 있었다. 오랫동안 사용해서 때가 묻고 바퀴가 달린 그 널빤지가 남자의 유일한 이동 수단인 것 같았다.

나는 깜짝 놀라 뒤로 물러났다. 남자는 내 눈을 똑바로 보면서 천천히 양 손바닥을 땅바닥에 놓더니 널빤지 위에서 균형을 유지하면서 능숙하게 몸을 밀어 내 쪽으로 다가왔다. 나는 고개를 들어 그를 보는 사람이 있는지 주위를 살폈다. 주위 사람들은 발밑의 땅바닥에서 벌어지고 있는 일을 까맣게 모르는 것 같았다.

가난이라면 여행하는 동안 숱하게 목격했기 때문에 처음에는 그가 동냥하는 걸인인 줄 알았다. 많은 종교 사회가 가정과 직장이라는 짐을 벗어던지고 온전히 기도에만 헌신하는 사람에 한해 구걸 행위를 허용하고 있다. 내가 뭐라도 주려고 주머니에 손을 넣었을 때, 남자는 고개를 돌리더니 광장 반대편에 있는 사원의 지붕 쪽을 가리켰다.

나는 그의 손이 가리키는 곳을 따라 고대 힌두교 사원의 아름다운 파사드를 바라보았다. 다른 건물들에 살짝 가려진 그 정면부는 힌두교의 신과 여신을 표현한 작은 조각상 수천 개로 뒤덮여 있었다. 재투성이 남자가 알려주지 않았다면 나는 그것을 까맣게 모르고 그냥 지나쳤을 게 분명했다. 나중에 안 사실이지만, 그 파사드는 힌두교를 이해하는 중요한 열쇠였다.

내가 지폐를 몇 장 내밀자 남자는 파리를 쫓는 것처럼 무심히 손을 휘젓고는 돈을 내 주머니에 도로 넣으라는 손짓을 했다. 그는 돈에 관심이 없었다! 내가 잠시 몸을 돌렸을 때 통역자가 우리 일행을 이끌고 다른 쪽으로 가는 모습이 보였다. 다시 고개를 돌려보니 바퀴 널빤지의 사내는 자리를 뜨고 없었다. 앞쪽 군중 사이로 뜨거운 자갈길을 지나 인파 속으로 사라지는 그의 모습이 언뜻 보였다. 이후 그 남자는 두 번 다시 볼 수 없었다.

이 이야기를 하는 데는 나름대로 이유가 있다. 나는 그 남자의 겉모습만 보고 그가 어떤 사람일 것이라고 단정 짓고 말았다. 굳은살이 박이고 말라비틀어진 그의 몸에는 아름다운 영혼이 깃들어 있었다. 그는 동전 한 닢을 구걸한 것이 아니라 나와 무언가를 공감하려고 했다. 덕분에 나는 그가 아니었으면 절대 알아채지 못했을 그의 세상을 일부분 보게 되었다. 그는 내가 선입견에 의해 판단하고 있다는 것을 깨우쳐주었다. 또한 아름다움은 우리가 허락할 때만 나타난다는 사실을 몸소 보여주었다.

흥미롭게도 우주는 우리가 기대하지 않은 의외의 순간에 깨달음을 선사하곤 한다. 교훈은 대부분 충격적인 사건을 겪은 직후에 오는 것 같다. 마치 진정한 깨달음을 주기 위해 일부러 시험에 들게 하는 것처럼! 티베트에서 있었던 일도 그랬다.

카트만두에서 그 일을 겪고 며칠 후, 우리가 탄 버스는 티베트의 산골 마을로 접어들어 옛 군대 막사를 개조한 여행자 숙소 앞에 멈춰 섰다. 버스가 멈추고 모두 방심하고 있을 때, 허리가 꼬부라지고 늙어 보이는 남자가 별안간 버스에 올라타서 우리 일행을 약간 당황하게 했다. 노인은 치아가 두세 개뿐이었고 눈은 심한 사시라서 시선을 마주치기가 어려웠다. 언뜻 길거리에서 흔히 보이는 걸인인가 생각했다. 버스 안의 누군가가 그에게 티베트에서 통용되는 중국 화폐를 건넸지만, 그는 돈을 받지 않았다. 대신 버스 안에서 가장 무거운 가방들을 들고 내렸고, 그 덕분에 우리는 짐을 옮길 필요가 없었다.

노인이 여관 앞 인도 가장자리에 마지막 가방까지 우리의 짐을 차곡차곡 쌓아놓았을 때, 나는 그에게 사례하고 싶은 마음이 들었다. 그는 사례를 받을 자격이 충분했다! 우리의 짐은 여러 도시를 방문할 때마다 점점 더 커지고 무거워졌다. 하지만 노인은 재차 돈을 거절했다. 그는 고개를 들더니 치아가 없는 입으로 헤벌쭉 웃고는 돌아서서 걸어가 버렸다. 그것으로 끝이었다! 노인이 원한 것은 우리가 마을에서 즐겁게 지내는 것뿐이었다. 그 외에는 아무것도 원하지 않았다.

나는 여관 주인에게 여관의 친절한 짐꾼에 관해 물었다가 주인의 답변을 듣고 깜짝 놀랐다. 주인은 여관에 짐꾼을 두지 않는다고 대답했다. 그 노인은 우리 버스가 여관에 도착했을 때 우연히 앞을 지나가던 마을 사람이었다.

이번에도 내적 아름다움의 완전함이 노인의 '불완전함'과 우리의 선입견을 뚫고 빛을 발한 것이다. 노인은 아무런 보답을 바라지 않았다. 우리 일행은 이 티베트의 천사에게 선물을 받은 것이나 다름없었다.

우리는 길을 가다가 이상한 사람들을 만나는 경우가 적지 않다. 혼자 걸어갈 때는 이상한 사람을 만나도 그저 흘끔거리고 어깨를 으쓱하고는 가던 길을 계속 가게 된다. 하지만 다른 사람들과 함께라면, 타인의 기행에서 느껴지는 불편한 느낌을 떨쳐내기 위해 목격한 것을 언급하곤 한다. '불완전함'을 인식하는 것은 문제가 아니다. 문제는 덜 완벽한 것을 덜 아름답다고 판단하는 우리의 성향일지 모른다.

어느 날 나는 렌터카를 타고 대도시의 도심을 지나다가

정지 신호에 걸렸다. 각양각색의 사람들이 거리를 걸어가고 있었다. 신호가 바뀌기를 기다리는 '짧은 영겁'의 시간 동안, 나는 사람들에게 완전히 둘러싸여 있었다. 그렇게 차 안에 앉아 있는데, 지난날의 내 모습을 보는 듯한 사람들이 스쳐지나갔다. 온갖 최신식 머리 스타일, 보디페인팅, 피어싱, 정장 차림, 서류가방, 휴대폰, 인라인 스케이터 복장…. 이보다 더 다양한 인간 군상을 모아놓을 수 있을까? 모두가 흥미롭기 그지없었지만, 유독 내 눈길을 끄는 남자가 있었다.

그는 신경 근육에 문제가 있어 팔다리를 통제하기 어려운 장애인인 듯했다. 정장 차림에 배낭을 멘 것으로 보아 출근하는 길이거나 일터에서 나온 것 같았는데, 몸을 가누려고 갖은 애를 쓰면서 신호가 바뀌기를 기다리고 있었다. 횡단보도에 보행 신호가 켜지자 그를 비롯한 행인들이 길을 건넜다. 나는 인생에서 우연이란 결코 없다고 믿는 사람이기에, 그가 내 앞을 지나갈 때 그의 얼굴을 유심히 살펴보았다. 그는 입이 일그러질 정도로 한 걸음 한 걸음 서툰 발걸음을 내딛는 데 온 신경을 집중하고 있었다. 한곳을 바라보는 그의 눈에서는 단호한 의지가 엿보였다. 그에게 걷는 것

네 번째 비밀

은 하나의 **일**이었고, 그는 그 일을 열심히 하고 있었다!

그가 맞은편 길로 건너가 군중 속으로 사라질 때 감사하는 마음이 솟아났다. 오늘 이 남자가 이곳에 있지 않았다면 나는 어떻게 되었을까? 그런 생각을 하자 그가 그리워졌다. 불과 몇 초 사이에 그가 주고 간 선물을 생각해보았다. 그것은 바깥세상으로 나가겠다는 그의 의지와 용기였다. 그가 지금 이곳에 없었다면 내 인생의 이 순간은 얼마나 공허했을까 하는 생각도 들었다. 하지만 그는 그곳에 있었다. 그 용감한 남자는 그의 존재 자체로 내 인생에 아름다움을 심어주었다. 나는 그가 내 앞에 나타나준 것에 감사하며 생각했다. 오늘 이 남자를 본 나는 얼마나 행운아인가.

당신 자신을 위해 이렇게 해보자

사람이 많은 곳에 가게 되면 주위 사람들을 한번 둘러보자. 그러고 나서 한 사람을 의식적으로 주목하자. 누구라도 좋다. 그 사람의 어떤 점이 가장 감동적인지 생각해보자. 내가 차를 타고 가다가 본 남자에게 감동했듯이, 당신도 그 사람이 어떻게 인생의 시련에 대처하고 있는지 그 방법을 어렵지 않게 발견할 수 있을 것이다.

이제 눈을 감고 그 사람이 같은 하늘 아래에 존재한다는 사실을 몰랐다면 그날이 어찌 되었을지 상상해보자. 그 순간이 얼마나 공허하고 그 사람이 얼마나 그리울지 생각해보자.

당신은 그 단순한 의식이 일으킨 감동에 깜짝 놀라게 될 것이다! 당신을 위해 그곳에 있었고 깨달음을 준 그 사람을 향해 진심으로 고마움을 느끼게 될 것이다.

어떻게 볼 것인가

저녁노을이나 눈 덮인 산봉우리를 볼 때, 혹은 좋아하는 작가의 예술작품을 볼 때도 아름다움을 느끼지만, 단순히 우리의 경험에 의미를 부여하는 것도 아름다움의 원천이 될 수 있다. 마음에 **아름답다는 느낌**을 불러일으키는 것은 인생을 바라보는 우리의 자세이다. 아기가 태어날 때가 대표적인 예라 하겠다.

새로운 생명이 태어나는 장면을 목격하는 것은 마법과 같이 신비로운 체험이다. 여성의 출산이 가져오는 결과를 알게 되면 눈앞에서 펼쳐지는 광경이 색다르게 보인다. 하지만 단 한 순간이라도 우리가 출산의 진통을 경험할 필요가 없는 어느 외계의 별에서 이 지구에 왔다고 상상해보자. 출산의 전 과정이 즉시 불쾌하고 심지어 소름 끼치는 경험으로 느껴질 것이다.

사실상 우리는 '이것이 지구의 방식'임을 깊이 의식하지 못한 채 새 생명의 탄생뿐 아니라 생명의 상실로 인해 나타나는 징조들을 지켜보곤 한다. 아기가 태어날 때, 여성은 격렬한 고통으로 괴로워한다. 출산하는 여성의 얼굴은 고통으로 일그러지고 몸에서는 피와 양수가 흐른다.

죽음의 순간이나 새로운 생명이 태어날 때나 똑같이 고통의 징후가 나타나지만, 우리가 부여하는 의미는 완전히 다르다. 결국 중요한 것은 우리 스스로 경험에 어떤 의미를 부여하느냐이다.

기이한 아름다움

그날 밤하늘은 불타고 있었다. 라디오에서는 비상 대책과 도로 통제, 주민 대피 등 화재 진행 상황을 실시간으로 방송했다.

뉴멕시코 북중부 고원의 사막 지대에 있는 메사mesa*의 경계선에서 발화한 산불은 이틀 밤낮으로 주변을 태우며 산불 내부에서 바람이 일 정도로 점점 거세지더니 급기야 북부 아메리카에서 오랫동안 살아온 타오스족의 푸에블로Pueblo**로 번져갔다.

마을에 가까워질수록 공기는 뜨겁고 탁해졌으며, 계곡에는 짙은 연기구름이 걸렸다. 산불은 이틀 전 오후 하늘을 가른 한 줄기 벼락이 바짝 마른 덤불에 떨어지면서 일어났다. 불길은 금방이라도 산기슭에 자리한 타오스족 민가를 덮칠 기세로 산비탈을 타고 맹렬히 타올랐다.

---

* 꼭대기는 평평하고 등성이는 벼랑으로 된 언덕. [옮긴이]
•• 돌이나 어도비 벽돌로 지은 인디언의 주택 혹은 집단 부락. [옮긴이]

해가 지기 전인데도 정확한 시간대를 가늠할 수 없을 정도로 저녁노을 같은 붉은 기운이 그 일대를 담요처럼 덮고 있었다. 나는 도로를 주시하지 못하고 자꾸만 자동차 앞유리창 너머의 광경을 쳐다보았다. 환한 불꽃이 낮게 걸린 연기구름에 이상한 빛을 던지며 연기 아래 모든 것을 빨강, 분홍, 주황 빛으로 물들였다. 나는 운전대를 잡은 손등의 파란 핏줄마저 붉게 물든 것을 보고 하늘빛이 얼마나 깊고 짙은지 실감했다.

나는 산불이 산기슭을 휩쓸 때 초래할 치명적인 결과는 생각하지도 않고 잠시 불구경에 빠져들었다. 화염이 빚어내는 이상한 아름다움에 절로 감탄이 나왔다.

'이게 바로 수 세기 동안 화가들이 캔버스에 담아내려고 했던 색감이구나. 인간의 힘으로는 도저히 표현할 수 없는 것이 지금 저 하늘에 그려져 있어. 얼마나 아름다운가… 이렇게 아름다울 수 있나!'

차분하게 소식을 전하던 라디오 아나운서의 목소리가 돌연 다급해지면서 새 소식을 전했다.

"바람의 방향이 바뀌었습니다. 화염이 두 방향 중 한쪽으로 향할 것 같습니다. 계곡을 태우고 산 반대편의 민가로 향할 것으로 예측됩니다. 우리 타오스족의 마을로 닥쳐올 가능성도 있습니다. 마을의 동쪽 끝에 거주하는 주민들은 대피하시기 바랍니다."

'마을의 동쪽 끝? 거기는 내가 지금 가는 곳이잖아!'

그 순간 산불이 전혀 다르게 느껴졌다.

아나운서의 몇 마디 말에 화염은 경탄과 아름다움의 대상에서 위협적인 존재로 돌변했다. 그제야 나는 불길이 사람과 동물의 생명을 위협하고 있다는 사실을 실감할 수 있었다. 소름이 끼쳤다! 불길에 갇혀 타죽는 야생동물들이 머릿속에 떠오르기 시작했다. 까맣게 그을린 사슴이나 엘크의 사체, 이글거리는 불꽃과 열풍, 연기가 빚어낸 난리통에 길을 잃고 헤매는 숲속 주민들…. 목숨을 걸고 다른 사람들의 목숨과 재산을 보호하려다가 갑자기 방향을 바꾼 화마에 휩싸여 탈출로가 끊기고 말았다는 소방관들의 이야기도 생각났다.

단지 2003년 화재 당시 타오스족의 푸에블로를 지키려 애쓴 사람들을 기리기 위해 이 이야기를 하는 것은 아니다.

나는 그 화재 사건을 계기로 수많은 토착민이 성스러운 전통으로 지켜온 한 가지 원칙을 확신하게 되었다. 화재 현장을 멀리서 지켜보는 동안 산불에는 아무런 변화가 없었다. 불꽃은 이전과 똑같이 뜨겁고 거칠며 자유분방했다. **변한 것은 나였다.** 특히 불에 대한 내 마음이 바뀐 것이다. 방금 전까지만 해도 이상한 아름다움의 근원처럼 매혹적으로 느껴지던 불꽃이 어느새 두려움의 원인이 되었다! 솔직히 말하면 적잖이 무서웠다. 불꽃이 하늘로 치솟아 나무 우듬지를 삼키고 민가와 생명을 위협한다는 사실을 몰랐다면 그것은 계속 아름다움의 대상으로 남았을 것이다. 하지만 위험에 대한 인식은 보이는 대상에 대한 감정을 바꿔놓았다.

많은 사람이 1986년 플로리다 동부에서 일어난 우주선 챌린저호의 발사 실패 장면을 텔레비전 생중계로 지켜보면서 비슷한 경험을 했다고 말한다. 우주선이 발사되는 순간 파도처럼 일어난 흰 구름이 뒤편의 새파란 남쪽 하늘과 극

• 그날 오후 불길은 두 방향으로 나뉘어 계속 타올랐다. 소방대원들은 이틀 만에 불길을 모두 잡았다. 대지가 까맣게 그을리고, 땅에 쌓인 재 때문에 물이 한동안 마시지 못할 정도로 오염되었지만, 타오스 푸에블로 지역은 가벼운 피해만 입었다.

명한 대비를 이루며 우주센터가 있는 플로리다 해변의 곶 위로 요동쳤고, 그 장면을 지켜보던 사람들은 첨단과학이 빚어낸 장관이라며 경탄을 금치 못했다. 하지만 끔찍한 일이 벌어졌다. 우주선이 폭발하면서 탑승자 전원이 목숨을 잃었고, 몽글몽글한 흰 구름은 순식간에 아름다움을 잃고 국가의 고통과 실패를 뜻하는 상징으로 전락했다.

원리는 단순하다. 우리는 매 순간 어떤 사건이 발생하도록 결정할 수는 없지만 일어난 일을 어떻게 느낄 것인가를 결정할 수는 있다. 이런 맥락에서 본다면, 가슴을 찢어놓고 상처를 남긴 사건을 삶을 긍정하는 지혜로 변화시켜 치유의 토대를 마련하는 열쇠는 우리 자신에게 주어져 있다. 나의 경우, 타오스에서 산불을 바라보던 중 찰나의 틈새에 감정의 방향이 바뀜에 따라 경험도 바뀌었다.

아름다움의 힘

최근 들어 서구의 과학계에서 발견된 사실들은 아름다움에 변화의 힘이 있다는 의견에 계속 힘을 실어주고 있다. 아름다움은 단순히 저녁노을이나 늦여름 폭풍우가 그치고 뜬 무지개가 얼마나 아름다운지 설명하는 형용사가 아니라, 경험 자체, 특히 **우리 자신의 경험**이다. 지구의 생명체 중 인간에게만 주변 세상과 자신의 경험에서 아름다움을 감지하는 능력이 있다고 한다. 우리는 아름다움을 경험함으로써 몸 안의 감정을 변화시킬 힘을 얻는다. 결국 우리의 감정은 우리 몸 너머의 세상과 직접 연결되어 있는 것이다.

고대인들은 감정, 특히 우리가 '기도'라고 부르는 감정의 형태를 우주에서 가장 강력한 힘이라고 믿었다. 앞서 말했듯이, 감정과 기도는 우리가 살아가는 세상에 실질적으로 영향을 미친다. 따라서 아름다움에 개인의 삶을 바꾸는 힘이 있다면, 세상을 바꾸는 힘 역시 있다고 말해도 과언이 아니다.

중요한 것은, 세상이 보여주는 상처와 고난, 아픔을 뛰어

넘어 만물에 이미 깃든 아름다움을 인식하는 방법을 찾아
내는 것이다. 그래야 기도의 잠재력과 힘을 삶 곳곳에 풀어
놓을 수 있다.

남들은 못 보는 곳에서 아름다움 찾아내기

세상의 이치를 깨닫는 데는 과거의 현인들뿐 아니라 현대
의 위대한 스승들의 삶도 도움이 된다. 1997년 세상은 위대
한 스승 마더 테레사Mother Teresa(1910~1997)를 잃었다. '마더'
라고 불렸던 이 위대한 여성은 인도 콜카타에 있는 자택 근
처를 오가며 누구도 아름다움을 찾지 못한 곳에서 아름다
움을 찾아낸 인물이다. 도랑에는 쓰레기와 오물이 넘쳐났
고, 계곡에서는 상한 음식과 정체불명의 사체가 부패하는
악취가 진동했다. 테레사 수녀는 길을 가다가 소의 배설물
을 자주 목격했는데, 어느 날 똥 속에서 자라는 꽃을 발견했
다고 한다. 그녀는 그 꽃에서 생명을 보았고, 그 생명을 통
해 누추한 길거리에도 아름다움이 존재한다는 사실을 깨달

네 번째 비밀

았다.

테레사 수녀 같은 현인들은 어떤 설명이나 합리적인 이유가 없어도 아름다움이 그저 존재한다는 것을 믿는다. 아름다움은 이미 여기 있다. 어디에나 늘 존재한다. 우리의 역할은 그 아름다움을 찾는 것이다. 삶은 아름다움을 찾아낼 기회이자, 어디에서든(극심한 상처에서도 지극한 기쁨에서도) 찾아낸 아름다움을 기준으로 우리 자신을 바로세울 기회이다.

테레사 수녀는 굳은 의지와 결단력으로 단순하고도 숭고한 믿음을 실천했고, 인도의 불가촉천민과 병자, 거리에서 죽어가는 사람들의 오래된 상처와 오명을 씻어주었다. 테레사 수녀와 자선수녀회Sisters of Charity의 자원봉사자들은 그들을 업신여기지 않고 '신의 자녀'로 여기며 매일 거리로 나가 그들을 찾았다. 인도 사회에 의해 내쳐진, 때로는 가족에게까지 버림받은 사람들을 호스피스 병동에 데려가 인간의 존엄과 사적인 자유를 누리며 이승에서의 마지막 시간을 보낼 수 있도록 돌봐주었다.

수녀들은 오늘도 그들의 임무를 계속 수행하고 있다. 내가 시설을 방문했을 때, 그 여성들은 누구도 흉내 낼 수 없는 강철 같은 의지와 강인함으로 고귀한 봉사를 실천하고 있었다. 그들은 지상에 내려온 천사나 다름없었다. 테레사 수녀와 동료 수녀들이 인도의 콜카타 거리에서 아름다움을 발견했듯 우리도 어디에든 존재하는 아름다움을 인지할 수 있다.

이것이 바로 아름다움의 힘이다. 쉽게 실천할 수 있고 지침 또한 정확하다. 우리가 일상에서 체험하는 아름다움은 세상에 투영된 것들의 이미지이다. 물을 끓일 때조차 소형 전자기기와 컴퓨터 장비를 사용하는 첨단과학의 시대이니만큼 아름다움이 삶에 선사하는 힘은 간과되기 쉽다. 그러나 우리의 내적 믿음이 외부의 세계가 된다는 양자적 통찰을 가지고 있다면, 과연 어떤 기술이 이보다 더 간단하고 더 강력하다고 말할 수 있을까?

다섯 번째 비밀

나만의 기도

바람이 좋은 날에는 배의 돛을 활짝 올려라.
세상은 아름다움으로 가득하다.
오늘이 바로 그날이다.

_잘랄루딘 무함마드 루미

기도는 신과 천사의 언어이다. 사해문서에 기록된 지혜와 오늘날까지 이어져 내려오는 아메리카 원주민들의 전통은 기도를 우리의 몸과 삶, 나아가 세상을 변화시키는 신비한 언어로 본다. 하지만 같은 전통 안에서도 기도의 언어를 효과적으로 '말하는' 방법에 대해서는 의견이 엇갈린다. 각 시대의 영적 의식은 기도란 무엇이며 어떻게 작용하고 어떻게 실생활에 적용되는가에 대한 이해를 저마다 독특한 방식으로 변주해왔다. 이렇듯 기도의 언어는 정해진 규칙이 없는 만큼 옳고 그름을 따질 수도 없다. 기도는 자연스럽게 발생하는 **감정**으로서 우리의 내부에 존재한다.

내가 티베트에서 만난 주지 스님은 기도는 감정으로 드리는 것이라고 설명하면서 서구에서는 오래전에 잊힌, 시대를 초월한 진리를 가르쳐주었다.

"당신의 눈에는 우리가 하루에 몇 시간씩 염불을 외우고, 종을 치고, 목탁을 두드리고, 향을 피우는 것으로 보이겠지만, 사실 우리는 몸 안에 어떤 감정을 불러일으키고 있는 겁니다. 기도는 감정으로 드리는 것입니다!"

스님은 그렇게 설명하고는 바로 물었다.

"당신네 문화권에서는 어떻게 하지요?"

희한하게도 시기적절한 질문 하나가 이전에는 말로 표현하기 어려웠던 우리의 믿음을 확고하게 만들어주기도 한다. 나는 주지 스님의 질문을 듣고 서양의 기도가 어떻게 작동하는지를 설명하기 위해 내면 깊숙이 들어가야 했다. 순간, 초기 성경이 지니는 의미가 큰 충격으로 다가왔다.

감정과 느낌의 지혜가 담긴 그 문서가 우리의 전통에서 사라진 후, 느낌과 기도는 우리가 스스로 깨달아 성취해야 하는 과제로 남겨졌다. 1,700년이 흐른 오늘날 우리는 자신의 감정을 경시하거나 외면하고 때로는 완전히 무시하는 문화 속에서 살게 되었다. 변화의 바람이 불고 있기는 하지만, 특히 남성들이 자신의 감정을 무시하는 경향이 강하다. 이것은 마치 1,700년 동안 의식과 느낌의 우주 컴퓨터를 운영 매뉴얼 없이 사용해온 것이나 마찬가지이다. 그 결과 사제와 권력자 들까지도 감정이 기도에 미치는 힘을 잊기 시작했다. 기도는 말이라고 믿게 된 것이다.

길거리에서든 공항에서든 쇼핑몰에서든 아무나 붙잡고 기도가 무엇이냐고 물어보면 익숙한 기도문을 암송하는 것으로 답변하는 사람이 많을 것이다. 사람들은 "나를 편히 잠들게 하소서"나 "신은 위대하며 선하다" 혹은 "하늘에 계신 우리 아버지"와 같은 말을 하면 기도를 하는 거라고 믿는다. 하지만 그런 기도문은 그저 관례가 아닐까? 기도 자체가 아니라 오래전 누군가에 의해 짜여 오늘날 공식처럼 여겨지는 기도문이 마음속에 기도의 감정을 불러일으킬 수 있을까?

우리는 날마다 순간순간 무엇인가를 느끼면서 살아간다. 모든 순간의 느낌을 일일이 의식하지는 못해도 끊임없이 무언가를 느낀다. 감정이 곧 기도이고 우리가 항상 감정을 가지고 있다면, 우리는 늘 기도를 하고 있는 셈이다. 모든 순간이 기도이다. 삶은 기도이다! 우리는 늘 창조의 거울에 메시지를 보내고 있다. 치유 혹은 질병의 신호, 평화혹은 전쟁의 신호, 사랑하는 사람과의 관계를 존중하거나 파괴하는 신호를 보내고 있다. 우리가 느끼는 것, 즉 기도하는 것이 '신의 마음'에 의해 우리에게 되돌아오는 것이 바로 '인생'이다.

기도가 통하지 않을 때

1972년에 진행된 연구에 의하면(자세한 내용은 앞서 설명했다) 명상과 기도의 효과는 결코 우연이나 요행이 아니다. 여러 장소에서 동시에 하는 명상과 기도의 효과에 관한 연구는 통제된 실험실 환경에서 진행되는 여느 과학 연구들처럼 엄정함을 갖추고 있다. 명상과 기도는 정말 효과가 있었고, 그것은 연구 기록으로 남겨졌다.

연구자들이 '창문'이라고 부른 시간, 즉 훈련된 사람들이

'평화'를 온몸으로 느낀 동안에는 그들이 느낀 평화가 주변 세상에 반영되었다. 연구 결과는 여러 핵심 지표의 통계 수치가 현저히 감소했음을 보여준다. 교통사고 건수와 응급실에 실려온 환자 수, 폭력 범죄의 건수가 모두 준 것이다. 평화가 존재할 때 일어날 수 있는 일은 평화뿐이었다.

그 후에 일어난 일들은 실험 결과만큼이나 흥미롭고 불가사의하다. 실험이 멈추자 폭력 사건이 재발했고, 어떤 경우에는 실험이 시작되기 전보다 오히려 증가했다. 어떻게 된 일일까? 명상과 기도의 효과가 멈춘 것처럼 보이는 이유는 무엇일까? 어쩌면 이 질문에 대한 답에 잃어버린 기도의 힘을 이해하는 실마리가 있을지도 모른다. 달라진 것은 평화로운 감정을 느끼도록 훈련받은 사람들이 그 느낌을 멈춘 것뿐이었다. 그들은 명상을 멈췄다. 기도를 멈췄다. 이것이 바로 질문에 대한 대답이다.

크게 보면 이 연구는 오늘날 우리가 생활 속에서 어떻게 명상하고 기도하는지를 대변한다. 평소에 우리는 직장인으로서, 학생으로서, 부모로서, 정해진 본분을 다하며 하루를 보낸다. 그리고 대개는 하루 중 시간을 정해놓고 '영적인 시간'을 갖는다. 일과가 끝나고 혼자 있을 때, 설거지를 끝내고 나서, 아이들이 잠들었을 때, 혹은 빨래하고 나서 기도를 한다. 촛불을 켜고 잔잔한 음악을 틀어놓고 감사의 기도를 올리거나 평화의 명상에 들어간다. 그렇게 어느 정도 시간이 지나면 기도나 명상을 끝낸다. 그러고는 성소를 떠나 '현실' 세계로 돌아온다. 말하자면 우리가 하루 중 정해진 시간 동안만 명상이나 기도를 한다는 것이다.

기도를 하나의 '행위'로 여기면, 기도를 멈추면 기도의 효과 또한 멈춘다는 논리가 성립된다. 손바닥을 가슴 앞에 모으고 기도문을 외우는 것을 기도로 여긴다면, 기도는 짧은 시간 동안의 경험에 지나지 않는다. 하지만 20세기에 발견된 고대 문서들이나 내 인디언 친구가 비를 기원하며 올린 기도, 티베트 사원의 주지 스님의 이야기를 생각해보면, 기도는 행위 이상의 것임을 알 수 있다. 기도는 우리 자신인 것이다!

이런 전통들은 기도를 가끔씩 **하는** 무언가가 아니라 우리가 항상 **되어야** 하는 무언가로 받아들이라고 조언한다. 24시간 내내 무릎을 꿇고 앉아 예로부터 전해 내려오는 기도문을 낭송하는 것은 불가능할뿐더러 그럴 필요도 없다. 감정이 기도이고 우리는 언제나 감정을 느끼고 있다. 어딘가에는 늘 평화가 있게 마련이므로 그것에 감사하는 마음을 가지면 된다. 자신이 치유되었음에 감사해도 좋고, 사랑하는 사람이 치유되었음에 감사해도 좋다. 우리는 날마다 얼마간 치유되고 회복되기 때문이다.

실험의 효과가 사라진 것처럼 보였던 이유는 기도가 끝났기 때문이다. 기도와 명상을 할 때 마음에 일어나는 '아름다운 야성의 힘'은 평화의 기운을 이 땅에 드리우지만, 평화를 붙잡아두는 기도가 멈추면 평화는 증발해버린다. 아마도 이것이 2천 년 전 에세네파가 후대에 전하고 싶었던 메시지일 것이다.

아람어로 된 에세네파의 고대 문서를 현대어로 해석한 번역본을 보면, 기도에 대한 기록들이 왜 그렇게 모호해 보이는지 그 이유를 새롭게 추정해볼 수 있다. 원본이 수 세기에 걸쳐 재번역되면서, 원저자가 선택한 단어와 의도가 왜곡되어온 것이 분명하다. 원래의 생각을 압축하고 단순화하는 과정에서 많은 내용이 본래의 뜻을 잃어버렸다.

현대 성경의 내용 중 널리 알려진 구절 "구하라, 그러면 얻을 것이다"를 예로 들어보겠다. 기도의 힘을 함축한 이 구절만 보더라도 원본에서 얼마나 많은 의미가 사라졌는지 알 수 있다. 킹 제임스 성경은 원본의 내용을 아래와 같이 축약된 구절로 표현하고 있다.

> 너희가 무엇이든지 내 이름으로 아버지께 구하면, 아버지께서 그것을 너희에게 주시리라. 지금까지 너희는 내 이름으로 아무것도 구한 적이 없지만, 구하라. 그리하면 받으리니 너희 기쁨이 충만하리라.[23]

위의 번역본을 아래의 원본과 비교하면 핵심이 빠져 있음을 알 수 있다.

> 무엇이든 곧장 똑바로 (…) 내 이름 안에서 구하면 받게 될 것이다. 지금까지 너희는 그러지 않았다. 동기를 숨기지 말고 응답에 둘러싸여 구하라. **너희가 바라는 것에 에워싸이면** 기쁨이 충만하리라.[24]

다섯 번째 비밀

이 말씀은 기도가 의식consciousness이라는 양자의 원리를 상기시킨다. 기도는 우리가 하루 중 특정한 시간에 하는 행위라기보다는 우리의 마음 상태이다. 응답에 '둘러싸이고' 바라는 것에 '에워싸이라'는 구절은 주지 스님과 내 친구 데이비드의 말과도 통한다. 응답받았을 때의 충만감을 진심으로 느껴야만 기도가 현실로 이루어지는 것이다.

위의 구절을 보면 예수가 그의 가르침을 실천하지 않는 사람과 대화하고 있음을 알 수 있다. 응답을 받으려 기도를 올렸다는 걸 믿는다고 해도 그저 '그 일들이 일어나게 해달라'는 말만 한다면 그것은 우주가 알아들을 수 있는 언어가 아니다. 예수는 제자들에게 올바른 방식으로 우주에 '말을 걸어야' 한다는 것을 일깨운다.

치유된 삶과 치유된 관계에 둘러싸인 것처럼 느낄 때, 세상의 평화에 에워싸인 것처럼 느낄 때, 그 감정이 언어이자 기도가 되어 모든 가능성의 문을 열어젖힌다.

우리 자신의 힘을 기억하기

《오즈의 마법사The Wonderful Wizard of Oz》에서 도로시는 발을 세 번 구르고 말한다.

"나를 엠 숙모가 있는 집으로 데려다줘!"

이렇게 말하는 것만으로 도로시는 가족과 사랑하는 사람들이 있는 고향으로 돌아가게 된다. 발을 구르면 소원이 이루어지는 '마법' 같은 것이 있으리라고 생각할 사람은 없다. 만약 그런 마법이 존재한다면 스타벅스 앞이든 회사 회의실이든 사람들이 나타났다가 사라져버리는 장면이 날이면 날마다 반복될 것이다. 도로시의 말은 부탁이 아니라 명령이었다. 도로시는 누구에게, 혹은 무엇에게 그런 말을 한 것일까?

그것은 자신에게 내린 명령이었다! 도로시는 옆에 있는 착한 마녀 글린다나 먼치킨에게 마법을 부리라고 지시하지 않았다. '마법의 물건', 즉 슬리퍼를 가진 사람은 도로시였다. 도로시의 신발은 모세의 지팡이나 요셉의 외투, 샤먼의 돌과 같다. 도로시는 발을 세 번 구른 것을 시작으로 이미 집에 있다는 느낌에 젖었고, 순식간에 집에 와 있었다!

우리의 내면에 태초의 마력이 존재한다는 것은 이제 전 세계가 공감하는 것 같다. 우리는 어릴 때 이성과 논리의 영역을 넘어서는 초능력을 꿈꾼다. 그러지 못할 이유는 없다. 어릴 때는 현실에서 기적이 일어나지 않는다는 고정관념에 아직 물들지 않아 스스로 믿음을 제한하지 않는다.

비록 삶 속에서 실천하는 방법은 잊혔지만, 누구나 위대한 힘과 연결되는 느낌을 느낄 수 있고 우리가 그 연결을 갈망하고 있을 뿐 아니라 고대의 방식을 지금까지 보존해왔다면? 예를 들어, 부지불식간에 동화나 마법의 이야기에 잃어버린 기도의 양식을 찾는 힌트가 보존돼 있다면? 이것이 가능할까? 감정이 기도라면, 이 질문에 대한 대답은 정해져 있다. 얼마든지 가능하다! 이것이 가능하다는 것을 마음에 새기면서 대대로 전해져 내려온 실제 기도문들을 살펴보자.

가장 유명하고 가장 보편적인 기도는 아마 주기도문일 것이다. 주기도문은 세계 인구의 3분의 1에 해당하는 25억 그리스도인에게 위안과 지침이 되는 고대의 암호로 잘 알려져 있다. 주기도문 전체가 예배 중에 암송되곤 하는데, 특히 "하늘에 계신 우리 아버지여, 이름이 거룩히 여김을 받으시오며"라는 첫 두 구절은 훌륭한 기도문으로 널리 알려져 있다.

익숙한 구절을 암송만 하지 말고 한번 실험을 해보자. 주기도문의 첫 두 구절을 가능하면 소리 내어 읽어보라. 어떤 느낌이 드는가? 온 우주와 온몸의 세포를 만든 힘에게 말을 걸 때 어떤 느낌이 드는가? 신의 이름은 오로지 영광되고 성스러운 방식으로 쓰여야 하는 신성한 이름이라는 걸 인정할 때 어떤 기분이 드는가? 이 기도를 어떻게 느끼는가에는 옳고 그름이 있을 수 없다. 중요한 것은 2천 년도 더 전에 기록된 이 문구들이 느낌을 끌어내도록 고안되었다는 점이다! 이 말들은 시간과 문명의 경계를 넘어 쉬지 않는 우리의 일부, 즉 심장에 말을 건넨다. 이 말들이 어떤 감정을 불러일으키든 그 감정이 곧 당신의 '위대한 기도'이다.

〈시편〉 23편도 같은 방식으로 작용하는 기도문이다. 사랑하는 사람을 잃은 경우처럼 주로 시련이 닥쳤을 때 자주 암송되는 구절인데, 암송하다 보면 마음에 평화가 깃든다.

다섯 번째 비밀

첫 구절은 이렇게 시작한다.

"여호와는 나의 목자시니 내게 부족함이 없으리로다."

이 구절은 우리가 보호와 보살핌을 받고 있다는 안정감을 준다. 번역은 조금씩 다르지만 '목자'라는 단어가 매번 등장한다. 강력한 은유로 보살핌을 받는 듯한 기분을 환기하기 때문에 의도적으로 사용된 표현이 분명하다.

위안을 주는 놀라운 기도문 중에는 신이 축복과 평화의 목적으로 이 세상에 내려왔다고 기록된 것이 있다. 1979년에 발굴된 고대의 축도祝禱로, 두루마리 모양의 은빛 띠 두 개에 새겨졌다. 사해문서보다 400년이나 앞선 그 은띠에는 〈민수기〉 6장 22절부터 27절의 구절이 기록되어 있었는데, 성경 구절을 기록한 고대 유물 중 가장 먼저 작성된 것으로 추정된다.[25] 그중 세 구절에서 신은 모세에게 축복을 동족과 나누라고 명한다.

"너도 이와 같이 이스라엘 민족을 축복하라."

그리고 기도를 어떻게 해야 하는지 정확한 지침을 내린 뒤 모세에게 다음과 같은 기도문을 알려준다.

여호와께서 네게 복을 주시고 너를 지키시리라.

여호와께서 그의 얼굴을 네게 비추사 은혜를 베푸시리라.

여호와께서 그 얼굴을 네게로 향하여 드사 평강을 주시리라. •26

신은 다음 말씀으로 모세에게 주는 지침을 완성한다.

"너희는 내 이름을 부르라 (…) 그리하면 내가 너희를 축복하리라."

이렇듯 기도는 느낌을 환기하는 말들에 담겨 보존되어 왔다.

• 이 성경에는 4세기경에 편집되거나 삭제된 내용이 복구되어 있다. 원래 내용을 보면 고대인들이 신을 불렀던 이름이 나오는데, 그 이름은 훗날 다른 번역본들의 구약 성경 6,800곳에서 '아도나이Adoni', '주님The Lord', 혹은 '그 이름The Name'으로 교체되었다.

다섯 번째 비밀

조각그림 맞추기

이제 감정이 기도라는 것이 이번 장의 핵심 주제임이 분명해졌을 것이다! 이 원칙을 기꺼이 받아들인다면, 우리는 모든 기도가 실패 없이 응답받는 위대한 비밀을 알게 된 셈이다. 중요한 것은 우리가 실제로 경험하기로 선택한 그것이 **되어야** 한다는 점이다. 사랑과 공감, 이해, 보살핌을 바란다면, 내면에서 그런 자질을 키워야 '신의 마음'이 그것을 우리의 관계를 통해 우리에게 다시 반영해줄 수 있다. 풍요를 바란다면, 삶 속에 이미 존재하는 풍요에 감사하는 마음을 가져야 한다.

이를 깨달았고 아름다움과 축복, 지혜, 상처에 숨겨진 힘도 알았다면, 어떻게 이것들을 일상에서 작동하게 만들 수 있을까? 고대의 비결을 어떻게 활용해야 인생의 시련을 견뎌낼 수 있을까? 이 질문의 답을 얻으려면 이 비결들을 사례에 비추어 생각해보는 것이 최선일 것이다.

우리는 때로 전혀 예기치 않은 상황에서 아주 큰 상처를 받는 경우가 있는데, 제럴드의 사례가 바로 그렇다. 그는 아끼고 사랑하던 모든 것을 잃었다. 아내도, 아이들도, 친구도. 부모님마저도 제럴드가 일으킨 분란 때문에 잠시 그를 내쳤다. 그는 해야 한다고 느낀 대로 선택한 것뿐인데, 그 파급 효과는 그를 '영혼의 어두운 밤'으로 곧장 이끌었다.

제럴드는 어두운 밤길을 가고 있다는 걸 깨닫자마자 선택의 갈림길에 섰다. 치명적인 상실이 수반하는 분노와 슬픔, 배신, 절망이 가득한 어둡고 험한 길로 더 깊이 들어갈 것이냐, 아니면 차츰 더 좋은 사람이 되리라고 믿고 영혼 깊숙이 들어가서 자신에게 벌어진 일과 자신이 처한 상황을 이해하는 힘을 얻을 것이냐. 인생의 시련을 극복하는 데는 반드시 의지가 필요하지만, 의지만으로는 충분하지 않다. 의지만으로는 '영혼의 어두운 밤'을 굴복시킬 수 없다! 의지를 현실화하려면 꼭 필요한 과정이 있다. 제럴드는 아래의 과정에 따라 의지를 현실로 만들었다.

상처는 스승이요, 지혜는 교훈이다 어떤 시련을 만나든 그것을 치유하는 열쇠는, 준비가 되었을 때만 상처를 받게 된다는 사실에 있다. 즉, 상처를 치유하는 감정의 도구를 모두 갖추

다섯 번째 비밀

었을 때, 우리에게 상처를 극복할 능력이 있음을 입증하기 위해 우리 스스로 그러한 경험을 불러온다는 것이다. 이것이 고통에 대처하는 야릇하지만 강력한 비결이다.

제럴드는 인생이 '엉망'이 되었다고 말했지만 스스로 그런 상황을 자초한 것이고, 그것은 자기 인생에 변화가 필요하다는 것을 이해하고 상처받은 경험에 새로운 의미를 부여하기 위해서였다. 제럴드는 이 사실을 아는 것만으로도 희망을 얻을 수 있었다. 포기하지 않고 자신의 인생을 새롭게 바라보며 시련을 헤쳐나갈 힘을 얻을 수 있었다. 축복할 수 있는 힘을 얻게 된 것이다.

축복은 감정의 윤활유다 이와 같은 축복의 과정을 밟을 때, 우리는 상처를 무언가 다른 것으로 대체할 수 있을 때까지는 상처를 보류하게 된다. 나는 제럴드에게 그가 겪은 모든 경험을 축복하라고 권했다. 그러자 그는 "모두 다요?" 하고 물었다. 나는 대답했다. "모두 다요!"

축복에 성공하려면 상처를 준 사람부터 상처받고 괴로워하는 사람까지, 상처와 관련된 모든 사람과 모든 경험을 수

용하고 감사하는 것이 중요하다.

제럴드는 자기 자신을 축복하는 것으로 시작했다. 결국
상처를 받은 사람은 바로 자신이었기 때문이다. 그다음에
그는 자신을 배신한 여자를 축복했다. 그는 마음에 입은 상
처의 근원이 그녀라고 생각했다. 그러고 나서 그가 상처받
는 것을 목격한 모든 사람을 축복함으로써 축복의 과정을
마무리했다. 그 대상에는 그의 딸들, 전 아내, 부모님, 친구
들이 포함되었다. 그는 축복하는 동안 무언가 다른 것이 들
어올 여지가 생기도록 자신의 상처를 잠시 한편으로 밀어놓
았다. 그 '무언가'란 인생을 큰 그림으로 바라보고 자신에게
일어난 무의미해 보이는 사건들이 결코 무의미한 것이 아
님을 이해하는 능력이었다. 인생의 경험들이 새로운 의미를
띠게 되자 그는 그 과정에서 아름다움을 발견하게 되었다.

아름다움은 상처를 낫게 한다 눈에 보이는 것을 넘어 어떤 상
황이 갖는 대칭성, 균형, 인과관계를 볼 수 있을 때, 우리는
비로소 왜 일이 그런 식으로 일어났는지 깨닫기 시작한다.
그리고 마법이 일어난다! 왜 상처를 받았는지 이해하게 되

다섯 번째 비밀

고 터널 끝에서 반짝이는 불빛이 보이면서 가슴을 할퀸 사건들이 달리 느껴지기 시작한다. 그 차이로 인해 상처는 지혜가 된다. 그리고 치유가 시작된다.

감정이 기도다 고대의 전통들은 우리의 주변 세상이 더도 덜도 아닌 우리 자신의 됨됨이라고 가르친다. 자기 자신과의 관계, 타인과의 관계, 최종적으로는 신과의 관계에서 느끼는 우리의 감정이 곧 우리가 경험하는 세상이 되는 것이다. 과학적 증거 역시 우리가 몸으로 느끼는 것이 우리의 몸을 넘어 세상으로 그대로 전달된다는 것을 가리키고 있다.

이런 관점은 제럴드에게 그랬듯 많은 사람에게 성장기에 배운 것과는 사뭇 다른 생소한 시각으로 느껴진다. 그러면서도 기운을 북돋는다. 제럴드는 치유 과정의 시작 단계에서 자신의 상처와 고통을 축복하고 다시 규정할 수 있었다. 그의 새로운 감정들은 기도가 되어 주변 세상으로 퍼져나갔다. 그의 인간관계는 거의 즉각적으로 그의 기도를 반영하기 시작했다. 아직 풀어야 할 숙제가 남아 있지만, 그와 전 아내 사이에 건강한 우정이 싹트기 시작했다. 두 사람을 위해서도, 딸들을 위해서도 잘된 일이었다. 그 후 제럴드는 새로운 사랑과 새 인생을 찾았다. 그와 그의 애인은 전 아내라면 겁이 나서 마다했을 깨달음의 여정을 함께 시작했다.

이렇게 제럴드는 '영혼의 어두운 밤'을 치유할 수 있었다. 1990년 샌프란시스코에서 나를 마지막으로 만났을 때 그는 이렇게 말했다.

"아, 다 끝나서 얼마나 기쁜지 몰라요. 이런 일이 또 생긴다면 견뎌내지 못할 것 같습니다."

"또 생길 수 있습니다. 어두운 밤을 한 번 겪었다고 해서 다시 겪지 않으리란 보장은 없거든요. 하지만 당신은 어두운 밤이 다시 찾아오더라도 저편에 더 나은 삶이 있다는 걸 의심하지 않게 될 거예요. 그것이 중요하지요."

나만의 기도 만들기

우리가 지금 나누고 있는 이야기의 전제는, 기도의 말 자체는 기도가 아니라는 것이다. 아무리 아름답고 유서 깊은 말

다섯 번째 비밀

도 힘을 발산하기 위한 촉매에 지나지 않는다. 그리고 그 힘은 당신의 내면에 있다! '당신'이 골자이다. 컴퓨터에서 코드에 의해 일련의 사건들이 일어나듯, 말은 우리의 몸 안에 감정을 일으키는 방아쇠와 같다. 하지만 코드나 말은 의미를 부여받기 전에는 아무런 힘이 없다. 그 의미란 코드에게는 컴퓨터 운영 체제이고, 우리의 말에게는 우리의 감정이다.

기도는 사적인 것이다. 감사하는 느낌을 일으키기 위해 내가 쓰는 말들이 당신에겐 효과가 없을 수도 있다. 이것이 기도가 갖는 재미있는 측면이다. 그러니 당신만의 기도문을 만들어라! 신과 소통하는 성스럽고 은밀한 기도를 올리기 위해서는 당신에게, 오로지 당신에게 의미 있는 특별한 말을 찾아야 한다.

어떤 내용이든 좋다. 당신의 기도가 이미 이루어졌음을 뜻하는 한 마디 말로도 충분하다. 예를 들어, 어디론가 가기 위해 자동차에 올라타 문을 닫고 시동을 걸 때마다 이렇게 말하면 된다.

"안전하게 여행하고 안전하게 돌아오게 해주어서 감사합니다."

기도의 말을 하는 동안 이미 여행을 다녀온 것처럼 감사하는 마음을 느껴야 한다.

기도에 생생한 힘을 불어넣으려면, 장을 본 식료품을 자동차 트렁크에서 꺼내 선반에 통조림을 차곡차곡 쌓거나 냉장고에 상추를 넣는 상상을 해도 좋다. 핵심은 당신이 집에 돌아와야 식료품을 차에서 꺼내와 정리할 수 있다는 점이다. 이런 식으로 이미 이루어진 듯한 충만감을 느낌으로써 안전한 귀가에 대한 강한 의지를 갖는 것이다.

달라이 라마는 고국을 떠나 티베트와 인도를 가르는 험준한 산맥을 넘어 망명길에 오르면서 이렇게 기도했다고 한다.

"무탈하게 여행을 떠났다가 무탈하게 돌아오는 내가 보인다."

그는 사실을 정확히 진술하듯이 말한 것이다.

시적 감수성이 있는 사람이라면 운율이 있는 더 긴 형태로 기도에 창의성을 발휘해도 좋다. 운율을 넣으면 기억하기 쉬울 뿐 아니라 날마다 하는 의식의 일부로 삼기도 좋다. 중요한 것은 기도할 때 감사하는 마음을 느끼는 것이다.

내 친구는 매일 출근하는 자동차 안에서 감사의 기도를 올린다. 집에서 일터로 가려면 산을 하나 넘어야 하는데, 많은 야생동물이 도로 근처를 어슬렁거리다가 새벽녘과 해질 녘에 죽는 일이 흔하다. 그는 차에 시동을 걸 때마다 이렇게 기도를 올린다.

"큰 생명체도 작은 생명체도 오늘 하루 다 무사했습니다."

너무 단순하게 들릴 수도 있다. 하지만 나는 세상이 이런 방식으로 움직인다고 믿는다. 세상 만물은 우리가 무엇이 되느냐, 그리고 무엇을 느끼느냐에 반응한다. 내 친구는 생명체를 위해 기도한 몇 년 동안 출근길에 야생동물이 출몰해 사고를 당한 적이 한 번도 없다. 동물이 도로 옆을 지나가거나 그의 차가 지나가기 직전이나 직후에 나타난 날은 그의 기도가 응답을 받은 날이다.

또 다른 친구는 출장을 갈 때마다 비슷한 기도를 올린다. 비행기를 타든 택시를 타든 직접 운전을 하든, 그녀는 무생물체를 포함한 모든 것의 내부에 존재하는 살아 있는 지성에 감사하며 길을 떠난다. 예를 들어, 비행기가 이륙하는 동안 그녀는 이렇게 기도한다.

"우리가 땅의 흙에서 만들어낸 이 기계는 탄생한 순간부터 평생 우리를 위해 봉사합니다."

혹자에게는 지극히 단순한, 심지어 바보 같은 이야기로 들릴지 모르지만, 그녀는 이 기도 덕분에 비행기를 구성하는 물질과 소통하는 기분을 느낄 수 있다. 단순히 안전한 여행을 바라는 것에 그치지 않고 성스러운 교감을 통해 자신의 안전을 책임지는 기계와 유대감을 느끼는 것이다.

이 사례들은 일부에 지나지 않는다. 기도가 효력을 발휘한다는 믿음을 가지고 당신만의 기도를 올려보기를 권한다. 시를 읊는 마음으로 즐겁게 기도해도 좋다. 친구들에게도 알려주자. 어느 날부터인가 자연스럽게 기도에 운율을 넣어 날마다 같은 문구로 기도하게 되더라도 놀라지 마시라. 우리가 어릴 때 기도하는 법을 배웠듯이 오늘날 우리 아이들도 기도하는 법을 외운다. 이것은 바보 같은 짓이 아니다. 지극히 단순하고 즐거운 순간 속에서 우주 최강의 힘과 소통하는 고대인의 비법, 즉 마음의 기술을 깨닫게 될지 모른다! 그저 단순한 시로 생각했는데 말이다.

다섯 번째 비밀

참고문헌

1   Lumi, Daniel Ladinsky, trans., *Love Poems from God, Twelve Sacred Voices from the East and West* (Penguin Compass 2002), p.65.

2   브루스 훅코 Bruce Hucko의 인터뷰 중에서. Shonto Begay, "Shonto Begay," *Indian Artist*, vol. 3, no. 1(Winter 1997), p.52.

3   Edmond Bordeaux Szekely, ed. and trans., *The Essene Gospel of Peace, Book 2* (Mastsqui, B.C., Canada: I.B.S. International, 1937), p.31. (에드몽 보르도 시케이, 《에세네 평화의 복음》, 이종철 옮김, 올리브나무, 2016)

4   John Davidson, *The Secret of the Creative Vacuum* (London, UK: C.W. Daniel company, 1989).

5   Michael Fowler, "The Michelson- Morley Experiment", U. Va. Physics Department (1996).
     http://galileo.phys.Virginia.edu/classes/109N/lectures/Michelson.html

6   Szekely, *The Essene Gospel of Peace, Book 2*, p.45.

7   David W. Orme-Johnson, Charles N. Alexander, John L. Davies, Howard M. Chandler, and Wallace E. Larimore, "International Peace Project In the Middle East", *The Journal of Conflict Resolution*, vol. 32, no. 4(December 1988), p.778

8   Rowan Williams, "As Eye See It: So Where Was God at Beslan?" *Virtue Online: the Voice for Global Orthodox Anglicanism* (Friday, September 8, 2004). www.virtueonline.org/portal/modules/news/article.php?storyid=1283

9   James M. Robinson, ed., 'Coptic Gnostic Library Project' of the Institute for Antiquity and Christianity trans, *The Nag Hammadi Library* (San Francisco, CA: HarperSanFrancisco, 1990), p.134.

10   "Aging Changes in Organs, Tissues, and Cells" *HealthCentral*. www.healthcentral.com/mhc/top/004012.cfm.

11 "Chill Out: It Does the Heart Good", *Journal of Consulting and Clinical Psychology*. http://Dukemednews.org/news/article.php?id=353

12 Brigid McConville, "Learning to Forgive," Hoffman Quadrinity (2000). www.quadrinity.com

13 Rowan Williams, "As Eye See It: So Where Was God at Beslan?"

14 Rumi, Coleman Barks, trans., *The Illuminated Rumi* (New York, Broadway Books, 1997), p.98.

15 McConville, "Learning to Forgive."

16 Robinson, ed., *The Nag Hammadi Library*, p.128.

17 앞의 책, p.129.

18 〈누가복음〉 6장 28절.

19 〈로마서〉 12장 14절.

20 〈도마복음〉 70장.

21 R. H. Charles, trans., *The Book of Enoch the Prophet* (Boston, MA: Weiser, 2003), p.5.

22 Begay, "Shonto Begay," *Indian Artist*, vol. 3, no. 1 (Winter, 1997), p.52.

23 *Holy Bible, Authorized King James Version*, John 16:23-24(Grand Rapids, MI: World Publishing, 1989), p.80. (〈요한복음〉 16장 23-24절)

24 Neil Douglas-Klotz, trans., *Prayers of the Cosmos: Meditations on the Aramaic Words of Jesus* (San Francisco, CA: HarperSanFrancisco, 1994), pp.86-87.

25 John Noble Wilford, "Solving a Riddle Written in Silver," *New York Times* (Tuesday, September 28, 2004), section F, p.1.

26 *The New Jerusalem Bible, Standard Edition*, Numbers 6:22-27 (New York: Doubleday, 1998), p.133. (〈민수기〉 6장 24-26절)